Carl Schmitt zur Einführung

Reinhard Mehring

Carl Schmitt zur Einführung

JUNIUS

Wissenschaftlicher Beirat

Prof. Dr. Hartmut Böhme
Prof. Dr. Detlef Horster
Prof. Dr. Ekkehard Martens
Prof. Dr. Barbara Naumann
Prof. Dr. Herbert Schnädelbach
Prof. Dr. Ralf Schnell

Junius Verlag GmbH
Stresemannstraße 375
22761 Hamburg
Im Internet: www.junius-verlag.de

© 2001 by Junius Verlag GmbH
Alle Rechte vorbehalten
Umschlaggestaltung: Florian Zietz
Titelfoto: Ullstein
Satz: Druckhaus Dresden
Druck: Druckhaus Dresden
Printed in Germany 2001
ISBN 3-88506-332-8
Neufassung
1. Auflage März 2001

Die Deutsche Bibliothek – CIP-Einheitsaufnahme

Mehring, Reinhard:
Carl Schmitt zur Einführung / Reinhard Mehring. –
Neufassung. – Hamburg : Junius, 2001
(Zur Einführung ; 232)
ISBN 3-88506-332-8

Inhalt

1. **Einleitung** 7

2. **Theoriebildung im Frühwerk** 12
   Jugendbiografie 12
   Die Unterscheidung von Literatur und Dichtung 16
   Auf dem Weg zum »Begriff des Politischen« 19
   Souveränitätslehre als Rechtslehre 28

3. **Staatsrechtliche Dekonstruktion der
   modernen Verfassung** 34
   Der nationalistische Affekt als Ausgangsimpuls 34
   Dekonstruktion des Parlamentarismus 36
   Der Gegensatz von Liberalismus und Demokratie
   in der *Verfassungslehre* 42
   Schmitts Befürwortung des Präsidialsystems 49

4. **Rechtfertigung des Dritten Reiches** 60
   Das Dritte Reich als Staat 60
   Das Dritte Reich als Reich 80

5. **Carl Schmitt nach 1945** 87
   Vergangenheitsbewältigung 87
   Ein Partisan der Einheit der Welt 97
   Kritik der Bundesrepublik 106
   Politische Theologie II als Selbstdeutung und als Konzept .. 110

6. Auseinandersetzungen mit Carl Schmitt 117
  Transformationen durch Schüler 117
  Einwände philosophischer Kritiker 121
  Statt eines Schlusses:
  Der Begriff des Politischen und seine Grenzen 126

Nachwort 134

Anhang
Anmerkungen 137
Literaturhinweise 152
Zeittafel 156
Über den Autor 158

1. Einleitung

Schmitts Schriften entstanden zumeist als Antworten auf Herausforderungen durch konkrete praktische Probleme, die sie derart grundsätzlich und intensiv durchleuchteten, dass der Leser den Eindruck einer konsequenten Theorieanstrengung gewinnt. In allen Einzelfragen schien Schmitt an einer komplexen Verfassungstheorie zu arbeiten. Die Einheit seines juristischen Verfassungsdenkens, das systematische Profil seiner Verfassungslehre, lässt sich dennoch in der Vielzahl der Schriften kaum ausmachen. Anders als etwa sein Antipode Hans Kelsen entwickelte Schmitt sein Werk nicht aus einem Punkt. Auch nach der Veröffentlichung des Lehrbuchs *Verfassungslehre* von 1928 blieb seine Theorieanstrengung weiter im Fluss. Dabei gab er seinem Werk durch eine gewisse Esoterik den Schein einer Einheit. Er schuf durch Hermetik einen Bedarf an Hermeneutik, suggerierte den Besitz einer Supertheorie und ließ deren theoretisches Profil doch offen.

Während es deshalb durchaus strittig ist, ob er als »Klassiker« die systematische Auseinandersetzung lohnt – wofür diese Einführung plädiert –, ist sein Werk doch unstrittig ein Dokument des 20. Jahrhunderts und wichtiger Gegenstand historisch-politischer Diskussion. Schmitt suchte die Wirkung über den engen Kreis des Fachs und der Universität hinaus, weil er die Aufgaben seines Fachs normativ-praktisch verstand. Das Staatsrecht, das er vor allem lehrte – das der Weimarer Republik und des Nationalsozialismus –, war in besonderer Weise politisch umstritten. Schmitt trennte deshalb nicht zwischen der »Wissenschaft« und der »Politik als Beruf«, wie Max Weber es forderte. Politisch sah er sich, so der Untertitel einer Aufsatzsammlung von 1940, »im Kampf mit Weimar, Genf, Versailles«. Er betrachtete die Weimarer Verfassung und den Genfer Völkerbund als eine rechtliche Sanktionierung des Friedensvertrags von Versailles, den er, wie weite Kreise der damaligen deutschen Bevölkerung auch, als »Diktat« der Sieger und ungerechten Frieden empfand. Bei alledem befand er sich nach seiner Aussage im »Kampf gegen den jüdischen Geist in der Rechtswissenschaft« und schrieb die Durchsetzung des (Recht und Gesetz synonym setzenden) Rechtspositivismus, den er bekämpfte, »jüdischen« Autoren zu. Politisch stand er im Lager der Rechten.

Seine Stellung zur Weimarer Republik und zum Nationalsozialismus ist im Detail fraglich. Kein Zweifel kann aber darüber bestehen, dass Schmitt beim Zusammenbruch der Weimarer Republik für das Präsidialsystem und für einen autoritären Verfassungswandel optierte und die Machtübernahme der Nationalsozialisten seit dem März 1933 vehement befürwortete. Er wirkte als Gutachter und wurde zu einem einflussreichen rechtspolitischen Berater und Akteur. Es lässt sich deshalb fragen, wie weit man die Grenzen seines Werks ziehen will: Besteht es nur in der Summe der Schriften oder auch in der wissenschaftsgeschichtlichen und rechtspolitischen Wirkung? Zugespitzt formuliert: War Schmitt primär ein Wissenschaftler oder ein Politiker? Diente seine Wissenschaft ihm vielleicht nur zur Klärung seines Engagements? Und: Wie konnte ein so informierter und scharfsinniger Denker zu einem derart illiberalen Akteur werden? Wie verstand und verhielt er sich im Nationalsozialismus?

Schmitt entwickelte seine Rechtslehre unter dem Titel der *Politischen Theologie*. Seit einigen Jahren wird deshalb die These verstärkt diskutiert[1], er sei als »Politiker« der Theologie ein offenbarungsgläubiger Christ gewesen, der sein Werk dem »Gehorsam des Glaubens« unterstellte. Zweifellos gibt Schmitt Fingerzeige in diese Richtung. Eine solche Gesamtdeutung muss aber die theologische Kohärenz und Konfessionalität seines Denkens aufzeigen. Da gibt es gewichtige Einwände: Lässt sich sein Freund-Feind-Denken wirklich aus dem »Gehorsam des Glaubens« verstehen? Ist es mit religiösem, christlichem und katholischem Denken vereinbar? Oder handelt es sich nicht eher um die Rechtfertigungsideologie eines militanten Antisemiten? Eine andere Deutungsrichtung liest Schmitt als einen »Theologen« der Politik, der eine genuin theologische Fragestellung und Methodik entwickelte. Soweit Theologie dabei christliche Theologie meint, ist diese Deutungsrichtung mit der ersten vereinbar. Schmitt wandte sich demnach der Politik zu, weil er Geschichte als Heilsgeschichte verstand und an einer christlichen Geschichtstheologie arbeitete. Schmitt deutete sein Werk in diese Richtung. Auch hier bedürfte es aber einer näheren theologischen Klärung.

Die folgende Einführung vertritt die »theologische« Lesart in einer schwachen Variante. Demnach ist Schmitts »Theologie« ein Supplement für Metaphysik: ein weiter und vager Decktitel für die systematische Forderung nach einer »metaphysischen« Gesamtdeutung der Wirklichkeit. Schmitt nimmt an, dass es eine stabile normativ-praktische Orientierung nur innerhalb einer im Ganzen verstandenen Welt gibt. Er sieht ein »Bedürfnis« (I. Kant) der Vernunft nach einer Einheit der Weltdeutung, verzichtet jedoch auf die philosophische Diskussion und beschränkt sich methodisch auf seine praktisch intervenierende Rechtswissenschaft. Der Titel *Politische Theologie* benennt die methodisch bewusste Grenze des eigenen theoretischen Anliegens und zugleich den »dezisionären« Versuch, diese Grenze um der praktischen Wirkung willen zu übersteigen. Schmitt sieht die philosophischen Probleme, tabuisiert solche Fragen allerdings in pragmatischer Absicht, indem er »theologische« Antworten in Anspruch nimmt, ohne sie eingehend zu erörtern. Deshalb ist eine »philosophische« Gesamtauffassung und -deutung seines Werks kaum weniger problematisch als eine »theologische« Lesart. Zwar las schon der Autor der ersten bedeutenden Gesamtdarstellung² – nach früheren, heute noch lesenswerten Ansätzen – Schmitts Werk jenseits seiner »theologischen« Selbstauffassung als »politische Philosophie«. Er bezeichnete Schmitt als Philosophen, weil dieser die rechtsphilosophische Frage nach der Anerkennungswürdigkeit politischer Ordnung mit der staatlichen Legalität konfrontierte und als politisch-philosophische Grundfrage freilegte. Ein Denken aber, das die Offenbarungsgewissheit des Absoluten für sich reklamiert, kann eigentlich nicht als Philosophie bezeichnet werden. Eine Philosophie muss sich in Frage und Antwort als Philosophie durchsichtig sein. Philosophiert wird im eigenen Namen ohne Frageverbot und ohne Prätention verbindlicher Antworten auf letzte Fragen. Näherhin heißt Philosophie der Versuch der Selbstbegründung der Freiheit. Die Philosophie der Politik betrachtet die politische Organisation von Herrschaft unter dem Gesichtspunkt ihrer Freiheitlichkeit. Nur im Horizont einer solchen politischen Philosophie der Freiheit lässt sich über die moralische Qualität einer Verfassung methodisch urteilen.

Schmitt spricht von der politischen Freiheit, von der Selbstbestimmung einer politischen Einheit, ohne die individuelle Freiheit als Grund und Zweck der Politik zu unterlegen. Er bestimmt die Freiheit illiberal. So kommentiert er die Nürnberger Rassegesetzgebung von 1935 affirmativ unter dem Titel *Die Verfassung der Freiheit*. Der politische Missbrauch des Freiheitsbegriffs ist hier offenkundig. Die folgende Einführung bezeichnet Schmitt deshalb weder als Theologen noch als Philosophen, auch nicht als politikwissenschaftlichen Machtanalytiker, sondern als einen juristischen Verfassungslehrer, der die Voraussetzungshaftigkeit politischer Verfassungen nur in einem sehr eingeschränkten, auf praktische Wirkungen zielenden Sinne thematisiert. Die Einführung möchte die Kontinuität der normativen Perspektive seines Rechtsbegriffs darstellen und die Grenzen ihrer politisch-philosophischen Begründung andeuten.

2. Theoriebildung im Frühwerk

Jugendbiografie

Schmitt wurde 1888 geboren und starb 1985, im Alter von 96 Jahren. Er publizierte über sieben Jahrzehnte Dutzende von Büchern und Broschüren und ungezählte Aufsätze und erlebte in vier politischen Systemen so ziemlich alles, was einem politischen Menschen widerfahren kann. Wenn man sich auch darüber streiten kann, ob er wirklich als ein »jüngster Klassiker des politischen Denkens«[3] bestehen wird, so ist sein Werk doch – in Glanz und Elend – unstreitig ein Protokoll des 20. Jahrhunderts. Seine Biografie ist inzwischen im Umriss erschlossen. Joseph W. Bendersky[4] konzentriert sich auf die Jahre 1922 bis 1947: Aufstieg und Fall eines deutschen politischen Professors. Er zeichnet ein solides, doch relativ knappes und zahmes Porträt von Schmitt, das die eigentliche Schärfe und Radikalität des Werkes nicht vermittelt. Ähnliches gilt für die neuere umfassende Biografie von Paul Noack.[5] 1958 notierte Schmitt selbst einen eigenartigen »periodisierenden Rückblick des 70-Jährigen auf die von ihm durchgestandenen Regime seiner Lebenszeit«[6], der bisher nur bis zum Jahr 1932 bekannt ist:

»1. Kindheit: 1888-1900
   Ins Sauerländische entorteter eifel-moselanischer Katholizismus
2. Knabenalter: 1900-1907
   Enttotalisierter Konviktsklerikalismus mit humanistischer Bildung

3. Jüngling: 1907-1918
   Enthegelianisiertes Großpreußentum wilhelminischer Prägung und Neukantianismus
4. Mann: 1919-1932
   Entpreußtes Deutschtum mit Liberal-Demokratie Weimarer Art und stark nationalen Reaktionen (Anti-Versailles)

ad 1. gutmütiger älterer Pfarrer mit Kulturkampferinnerungen
   2. Konviktsleiter und patriotische Fabrikanten
   3. Beamte und Offiziere (im Grunde gemütlich)
   4. echter Pluralismus und viel Freiheit«

Dieser Rückblick nennt die prägenden Einflüsse. Schmitt wuchs im Sauerland auf, in Plettenberg, wohin er nach 1945 auch aus Berlin zurückkehrte. Prägende Gestalt der Kindheit war der »gutmütige ältere Pfarrer mit Kulturkampferinnerungen«. Der Kulturkampf Bismarcks gegen den Katholizismus war damals schon nur noch Erinnerung. Schmitt kam 1900 auf das Gymnasium in Attendorn, wo der Katholizismus schon für das Knabenalter relativiert war: Auf dem Gymnasium herrschte ein »enttotalisierter Konviktsklerikalismus mit humanistischer Bildung«. »Patriotische Fabrikanten« beherrschten den Zeitgeist. Dem Jüngling begegneten ein »enthegelianisiertes Großpreußentum wilhelminischer Prägung« sowie die philosophische Strömung des »Neukantianismus«. »Beamte und Offiziere« bestimmten diesen Geist des untergehenden Wilhelminismus. Man mag bezweifeln, dass sie »im Grunde gemütlich« waren.

Schmitt rechnet seine Jünglingszeit bis Kriegsende. Dazu zählen nicht nur die Studienjahre (Studium der Rechte in München, Berlin und Straßburg von 1907 bis 1910), sondern auch die Referendarszeit (von 1910 bis 1915 in Mönchengladbach und Düsseldorf) sowie der anschließende Heeresdienst, den Schmitt als Kriegsfreiwilliger von Februar 1915 bis zum 1. Juli 1919 ableistete. Seit 1917 war er im bayerischen Kriegsministerium insbesondere für die Pressezensur zuständig. Den Zusammenbruch des Kaiserreichs und die Gründung der Weimarer Republik erlebte er im Brennpunkt München. Geht Schmitts katholische Prägung auf die Kindheit im Sauerland zurück, so bringt die Münchner Zeit mit der Erfahrung von Krieg und Bürgerkrieg aus der Perspektive eines Offiziers im Verwaltungsstab ein Interesse am Phänomen der Diktatur sowie eine antirevolutionäre »etatistische« Parteinahme für den Bestand des Staates. »Ausnahmezustand« und »Diktatur« beherrschen fortan die Wahrnehmung. Schmitt optiert aus einer Bedrohungserfahrung für den Staat als notfalls diktatorisches »Monopol der legitimen Gewaltsamkeit« (M. Weber).

Der periodisierende Rückblick charakterisiert den Zeitgeist durch die Freisetzung von überlieferten Bindungen und bestimmt jede Lebensphase von der gewesenen Zeit her: Der Katholizismus ist »entortet« und »enttotalisiert«, das humanistische Großpreußentum »enthegelianisiert«, das Deutschtum in Weimar »entpreußt«. Wenn Schmitt die herrschenden Gestalten im Rückblick noch ins Gemütliche zieht und die Zeit andererseits doch durch den Fortfall von Bindungen charakterisiert, so verrät dies einiges über sein spannungsvolles Leben. In der Tat war die Jahrhundertwende eine Epochenschwelle. Die religiösen Orientierungen, auf die Schmitt verweist, waren damals schon durch die Entwicklung der modernen, wissenschaftlich-technischen Zivilisation relativiert und geschwächt. Die Religion befand sich um 1900 im Umbruch und verwässerte zur »vagabundierenden Religiosität«.[7] Die sozialen und politischen Konflikte verschärften sich. Die Balance von Bildung und Besitz zerbrach. Der Bürger verwandelte sich in den Bourgeois.

Parallelen zu Heidegger liegen nahe.[8] Beide stammen aus einem katholisch-ländlich-kleinbürgerlichen Milieu vielfältiger Abhängigkeiten und Beengungen. Beide sind negativ an die Tradition gebunden, ohne den Glauben der Herkunft wirklich überwunden zu haben. Während Heidegger aber lange Jahre von kirchlicher Förderung abhängig ist[9], relativiert Schmitt schon für sein Knabenalter den religiösen Einfluss und studiert Rechtswissenschaft. Weil er sich vom Katholizismus nicht so total abhängig macht, fehlt ihm Heideggers abgründiger Hass auf die Kirche, für den etwa folgende Briefstelle steht: »Kommunismus u.a. ist vielleicht grauenhaft, aber eine klare Sache – Jesuitismus aber ist – verzeihen Sie – teuflisch.«[10] Heideggers Nationalsozialismus kann deshalb geradezu als eine Konsequenz seiner Abkehr von der katholischen Herkunft gedeutet werden, wohingegen es bei Schmitt umgekehrt die letztlich ungebrochene Religiosität zu sein scheint, die ihn den Nationalsozialismus bejahen ließ. Wie Heidegger blieb er aber in verschiedener Hinsicht ein Außenseiter: als Katholik im protestantisch und preußisch geprägten Reich, als religiöser Mensch im säkularisierten wilhelminischen Machtstaat und nicht zuletzt als sozialer Aufsteiger in der akademischen Welt der Professoren und Mandarine, deren Allüren und Ausschließungssysteme Fritz Ringer eindrücklich schildert.[11] 1945 schrieb Schmitt eine physiognomische Skizze, *1907 Berlin*, die seinen exzentrischen Blick auf die damalige Berliner Gelehrtenwelt enthüllt: »Ich war ein obskurer junger Mann bescheidener Herkunft. Weder die herrschende Schicht, noch eine oppositionelle Richtung hatte mich erfasst. Ich schloss mich keiner Verbindung, keiner Partei und keinem Kreise an und wurde auch von niemandem umworben. Dafür war ich weder mir selbst noch den andern interessant genug. Armut und Bescheidenheit waren die Schutzengel, die mich im Dunkeln hielten. Das bedeutet für unser Bild, dass ich, ganz im Dunkel stehend, aus dem Dunkel in einen hellerleuchteten Raum hineinsah. Für einen Zuschauer und Beobachter ist das die beste Position.«[12] Es macht einen Teil seiner Faszination aus, dass Schmitt sich diesen exzentrischen Blick bewahrte.

Die Unterscheidung von Literatur und Dichtung

Zwei frühe kunstkritische Monographien Schmitts zeugen von großer Aufgeschlossenheit für die damaligen Revolutionen der modernen Kunst: *Schattenrisse* und *Nordlicht*. Während die *Schattenrisse* den zeitgenössischen Literaturbetrieb karikieren, ist die Schlüsselschrift *Nordlicht* eine apotheotische Fürsprache für den – heute weithin unbekannten – Dichter Theodor Däubler (1876-1934). Beide Schriften eint eine ästhetische Überzeugung: die strikte Trennung zwischen Unterhaltungsliteratur und »echter« Dichtung, welche »die Idee« und den göttlichen Sinn der Geschichte dichterisch wahrt. In dieser Überzeugung wurzelt sowohl die Polemik gegen die zeitgenössische Unterhaltungsliteratur als auch die Apologie der Dichtung Däublers. Sie fertigt den wilhelminischen Literaturbetrieb ab, um einen emphatischen Begriff von Dichtung zu retten.

1913 veröffentlicht Schmitt, vielleicht in Zusammenarbeit mit seinem Freund Fritz Eisler, unter dem Pseudonym Johannes Negelinus satirische *Schattenrisse*, die einige Großschriftsteller des damaligen Literaturbetriebs porträtieren. Ingeborg Villinger[13] hat diese Frühschrift sorgfältig ediert, kommentiert und als kritisches Gegenstück zur Däubler-Studie analysiert. Die *Schattenrisse* entwickeln eine Kulturkritik der Moderne im Medium der Literaturkritik, indem sie die naturalistischen weltanschaulichen Voraussetzungen des zeitgenössischen Literaturbetriebs parodieren. Damit will Schmitt nicht nur einer christlichen Dichtung, wie derjenigen Däublers, sondern auch den personalistischen Voraussetzungen der Rechtswissenschaft erneut Platz machen.

Das (laut Inhaltsverzeichnis) »nicht mit dem Schillerpreis gekrönte Werk« nimmt das »Gemeingut aller Gebildeten« des damaligen Kulturbetriebs mittels der Schattenrisse einer Reihe bekannter Literaten aufs Korn. Eine »systematische Tabelle« gruppiert diese Literaten einleitend durch ihr Verhältnis zur Nation. Die *Schattenrisse* unterscheiden Leidende, Liebende, Grinsende, Tote und Nicht-Deutsche; zu Letzteren rechnen sie allein Walter Rathenau, vermutlich nicht ohne antisemitischen Unterton. Die Polemik gegen den zeitgenössischen Literaturbetrieb führt später in der *Politischen Romantik* zu einer grundsätzlichen Kritik des bürgerlichen Menschentyps, die eine mit Hegel beginnende Tradition der Romantikkritik abschließt.

Parallel zur Kritik des Literaten macht Schmitt sich zum Fürsprecher von Theodor Däublers *Nordlicht* und publiziert eine Monographie mit *Drei Studien über die Elemente, den Geist und die Aktualität des Werkes*. Däublers sperriges, kaum je gelesenes Nordlicht-Epos aus dem Jahre 1910 gilt ihm als eine dichterische Offenbarung und »Gnosis« (Erkenntnis) des abendländischen Schicksals. In drei Kapiteln bestimmt er die künstlerischen Elemente und den damit gestifteten Geist des Werkes, dessen Aktualität in der »Kompensation des Zeitalters der Geistlosigkeit« (N, 69) liege. Schmitt kennzeichnet die »Geistlosigkeit« der Gegenwart dabei durch die Vorherrschaft eines rein »ökonomischen Denkens«. Geld sei das Idol der Zeit, Däublers *Nordlicht* dagegen »das Buch des Aeons. Es hält dem mechanistischen Zeitalter das Gleichgewicht«, weil es durch seine »Umschaffung der Sprache zu einem rein künstlerischen Mittel« eine »Absage an den Naturalismus des alltäglichen Verständigungsmittels« (N, 50) darstellt und dadurch den absoluten Geist erneut zu denken ermöglicht. Schmitt redet einer Kunstautonomie das Wort, die er als Vollendung von Richard Wagners Vision vom Gesamtkunstwerk begreift. Auch Wagner empfand, so Schmitt, das »Bedürfnis nach einer Umgestaltung der Sprache und stellte, theoretisch, die Dichtung stets über die Musik« (N, 43). Als »Großunternehmer der Kunst« bot er im Grunde jedoch nur Unterhaltung. Im Gewand hoher Kunst befriedigte er das Rauschbedürfnis seines Publikums. Erst Däubler stiftete das wahre, synästhetische Gesamtkunstwerk, »wo die Sprache nicht nur sich selber singt und malt, sondern auch sich selbst denkt« (N, 47). Solche Formulierungen sind von Nietzsches Wagner-Kritik und der französischen Avantgardeliteratur des 19. Jahrhunderts beeinflusst und erinnern an eine Sprachtheologie des Wortes, die sich in unterschiedlichen Ausprägungen auch bei Walter Benjamin, Heidegger und anderen findet.

Jahrzehnte später wiederholt *Ex Captivitate Salus* die heute kaum nachvollziehbare Feststellung, Däubler habe die damaligen Kunstrevolutionen zur »Erfüllung« gebracht. (ECS, 45 ff.) Schmitt korrigiert dabei seine frühere, christliche Deutung, wenn er Däubler nun als einen prometheischen Dichter bezeichnet, der sich – wie Prometheus – nicht primär an einen transzendenten Gott, sondern an die Menschheit gebunden glaubt. Mit der allmählichen Einsicht in Däublers Distanz zum Christentum rückt er näher an den katholischen Dichter Konrad Weiss (1880-1940) heran. Schmitt formuliert sein Epochenbewusstsein damals in zahlreichen Notaten seines *Glossariums*. Dort heißt es u.a.: »›Jugend ohne Goethe‹ (Max Kommerell), das war für uns seit 1910 in concreto Jugend mit Hölderlin, d.h. der Übergang vom optimistisch-ironisch-neutralisierenden Genialismus zum pessimistisch-aktiven-tragischen Genialismus.« (Gl, 152) Über Goethe und Hölderlin stellt Schmitt stets seine Dichter Däubler und Weiss. Er schätzt Dichtung als ein Medium der Erfahrungsauslegung, der »Lebens- und Weltanschauung« (W. Dilthey) – Schmitt könnte hinzufügen: »Gottesanschauung« –, das es erlaubt, historisch-politische Erfahrungen jenseits aller Systemzwänge zu deuten und auf das eigene Selbstverständnis zu beziehen. Persönlich sucht er, immer im Wind der neuen Ideen, Umgang mit Dichtern wie Theodor Däubler, Hugo Ball, Franz Blei, Hermann Broch, Konrad Weiss. Die Dichtung sagt ihm mehr als die zeitgenössische Theologie oder Philosophie. Dabei interessiert er sich nur für die Dichtung, die eine umfassende Erfahrungsauslegung bietet.

Das wichtigste Zeugnis dieses Umgangs mit Dichtern ist heute der Briefwechsel mit Ernst Jünger, der über fünf Jahrzehnte reicht. Die nationalistische Reserve gegenüber der Weimarer Republik führt beide zusammen. Während Schmitt sich 1933 dann dem Nationalsozialismus anschließt, geht Jünger auf Distanz. Dennoch halten beide, einander auch familiär verbunden – Schmitt war der Patenonkel von Jüngers Sohn Carl Alexander –, den Kontakt und tauschen sich über die politischen Entwicklungen aus. Schmitts akademische Existenz als Universitätsprofessor und Jurist spielt zwischen beiden kaum eine Rolle. So zeigt der Briefwechsel, wie weit Schmitt sich seit den Dreißigerjahren von der Jurisprudenz verabschiedet hat und mit anderen Deutungsmustern experimentiert. Schmitt agiert als Intellektueller, der keinem Fach und Ansatz mehr verpflichtet ist. Darin stimmt er mit Jünger überein, der seine Dichtung und Essayistik ebenfalls einem entdogmatisierten Interesse an einer Gesamtdeutung der Wirklichkeit unterstellt.

Auf dem Weg zum »Begriff des Politischen«

1910 promoviert Schmitt bei dem Strafrechtler Fritz van Calker *Über Schuld und Schuldarten. Eine terminologische Untersuchung*. 1912 erscheint die methodologische Studie *Gesetz und Urteil. Eine Untersuchung zum Problem der Rechtspraxis*, die für Schmitts sog. Dezisionismus, für seine Überlegungen zur Eigenbedeutung politisch-rechtlicher Entscheidungen, interessant ist. Er habilitiert sich dann während des Krieges 1916 an der Reichsuniversität Straßburg mit der 1914 schon publizierten staatsphilosophischen Monographie *Der Wert des Staates und die Bedeutung des Einzelnen*. Sie verpflichtet den Staat auf die Konkretisierung einer vorausgesetzten Rechtsidee und stellt diese Legitimität geschichtstheologisch unter den Vorbehalt von »Zeiten der Mittelbarkeit«. Gegen Ende heißt es: »Es gibt Zeiten des Mittels und der Unmittelbarkeit. In diesen ist die Hingabe des Einzelnen an die Idee etwas den Menschen Selbstverständliches; es bedarf nicht des straff organisierten Staates, um dem Recht zur Anerkennung zu verhelfen.« (WdS, 108) Schmitt kennt außer Zeiten der Mittelbarkeit, in denen der Staat die Rechtsidee hütet, noch apokalyptische Zeiten unmittelbarer »Hingabe des Einzelnen an die Idee«: religiöse Zeiten, in denen der Mensch der Institutionen von Staat und Kirche nicht mehr bedarf, um in ein persönliches Verhältnis zur »Idee« zu treten. 1914 macht Schmitt sich noch zum »Advokaten der Mittelbarkeit« (WdS, 109) und folgt Hegel in der Konzeption des Staates als einer »sittlichen Instanz«, die die »Hingabe des Einzelnen an die Idee« verlangt. Mit der absoluten Idee setzt er eine Rechtsidee voraus, die der Staat nicht selbst stiftet, sondern nur wahrt. Somit vertritt er schon 1914 nicht die rechtspositivistische Identitätsthese, dass der Staat das Recht in der Form des positiven Gesetzes setzt. Schmitt fragt stattdessen nach der Anerkennungswürdigkeit des Staates und führt aus, dass der wirkliche Staat Sinn, Aufgabe und Legitimität allein durch die Rechtsidee hat, die er verwirklichen soll. Wenn ein Staat derart als Hüter der Rechtsidee legitimiert ist, so hat der Einzelne für den Staat, juristisch betrachtet, nur dann »Bedeutung«, wenn er als Staatsbürger in eine Art Staatsdienst für das Recht eintritt. Mehrfach beruft Schmitt sich für seine »Methodik der Rechtswissenschaft« (WdS, 82) auf die katholische Kirche und kirchenrechtliche Untersuchungen (R. Sohm, A. v. Harnack). So findet sich schon 1914 der Bezug auf das Vorbild der Kirche[14], der für Schmitt wichtig bleibt.

1919 erscheint die ideengeschichtliche Studie *Politische Romantik*. Diese Abrechnung mit dem romantischen »Irrationalismus«, Ästhetizismus und Subjektivismus bildet den Auftakt zu Schmitts »Kampf mit Weimar«. Noch in die Zeit des Heeresdienstes fallen erste Aufsätze zur Diktatur. (Vgl. SGN, 3-20) Die Erfahrung von Ausnahmezustand und Bürgerkrieg treibt Schmitt in die rechtshistorische Erforschung des Phänomens hinein. 1921 publiziert er die gelehrte Monographie *Die Diktatur. Von den Anfängen des modernen Souveränitätsgedankens bis zum proletarischen Klassenkampf*. Sie beschreibt die Ideengeschichte des Souveränitätsgedankens am kritischen Begriff der Diktatur und unterscheidet dabei das ältere, rechtsstaatliche Institut der »kommissarischen« Diktatur, das bestimmte kommissarische Maßnahme- und Ausnahmebefugnisse zum Zweck der Wiederherstellung einer gestörten Ordnung und Verfassung erlaubt, von der seit der Französischen Revolution sich durchsetzenden Wendung zur Volkssouveränität (»demokratische Legitimität«), die Schmitt auch als »souveräne Diktatur« der verfassunggebenden Gewalt des Volkes bezeichnet. *Die Diktatur* fasst Rechts- und Ideengeschichte in systematischen Begriffsunterscheidungen zusammen, an die spätere Schriften anschließen. Noch Schmitts Deutung des Weimarer Präsidialsystems basiert auf der Studie zur Diktatur, die ein aktuelles Problem in weitgespannte Zusammenhänge stellt.

Die Diktatur verschafft Schmitt 1921 seinen ersten Ruf nach Greifswald. Schon bald darauf, zum Sommersemester 1922, kann er auf einen ordentlichen Lehrstuhl an die Universität Bonn wechseln. Die dortige Fakultät ist besonders innovativ. Die Bonner Jahre werden für die Entwicklung der Verfassungstheorie entscheidend. In diesen Jahren formuliert Schmitt seinen Neuansatz in mehreren knappen Broschüren und beginnt mit der Arbeit an seinem systematischen Lehrbuch, an der *Verfassungslehre*. Fand schon sein Frühwerk einige Beachtung, so ist Schmitt seit dieser Zeit voll etabliert. Zwar fehlt die große dogmatische Arbeit, doch waren die Zeiten nicht danach. Der Wilhelminismus versank im Weltkrieg. Das Staatsrecht zeigte sich als »politisches Recht«.[15] Mit den Staaten wankten die Voraussetzungen der Rechtsauslegung, und der Systemwechsel machte manche dogmatische Arbeit zu Makulatur. In dieser Lage stieß die gerade erst etablierte »juristische Methode« des Rechtspositivismus an Grenzen. Es kam zu einem »Aufschwung der Staatslehre«[16]. Die Staatsrechtslehre öffnete sich einem Methodenpluralismus und suchte nach neuen Orientierungen. So entspricht Schmitts akademisch vagabundierendes Frühwerk der damaligen Methodenunsicherheit und Orientierungssuche des Fachs.

Wirkungsgeschichtlich ist Schmitt heute vor allem als Etatist bekannt, der den »absolutistischen« Staat der Neuzeit mit dem Staat überhaupt gleichsetzt und für die Gegenwart vom Ende der Epoche der Staatlichkeit spricht. Diese Auffassung muss aber eingeschränkt werden. Schmitts Etatismus konkurriert mit seinem Katholizismus und Nationalismus. Der Etatismus ist demnach durch die universalistische Position der Kirche ebenso wie durch den Partikularismus des Nationalismus infrage gestellt. Wenn Kirche und Nation sich im Staat nicht mehr heimisch fühlen, ist das Politikmonopol des Staates, die Legitimität seiner Souveränität, effektiv fraglich. Schmitt formuliert dies 1932 mit der Eingangsformel seines *Begriffs des Politischen*, deren Verständnis ein Schlüssel zum Gesamtwerk ist: »Der Begriff des Staates setzt den Begriff des Politischen voraus.« (BP, 20) Schmitt meint dies historisch wie systematisch. Dabei versteht er unter einem Staat meist nur den religiös neutralisierten, von der Kirche unterschiedenen Staat der Neuzeit, den die Souveränitätstheoretiker Bodin und Hobbes auf den Begriff brachten. Schmitt kennt jenseits dieses Staates aber auch andere Formen, die die politischen Kräfte institutionell ordnen: so die antike Polis und das alte Reich. Die Politikgeschichte – Schmitt würde genauer sagen: die Geschichte »des Politischen« (vgl. SGN, 133-137) – ist weiter als die neuzeitliche europäische Staatengeschichte. Politik kann sich in den unterschiedlichsten Formen organisieren. Der »Staat« ist deshalb für Schmitt nur »ein konkreter, an eine geschichtliche Epoche gebundener Begriff« (VRA, 373 ff.). Für die Lage der Weimarer Republik diagnostiziert er eine innen- und außenpolitische Gefährdung des staatlichen Politikmonopols. Die Rahmenbedingungen von Versailles und Genf sowie die liberalen Bestandteile der Weimarer Verfassung sieht er als eine Bedrohung der staatlichen Souveränität an.

Mit dem Wechsel nach Bonn tritt Schmitt mit zwei parallel verfassten Essays programmatisch hervor: mit den Broschüren *Römischer Katholizismus und politische Form* und *Politische Theologie*. Schon in diesen programmatischen Schriften scheint er, verglichen mit der Habilitationsschrift, die philosophische Betrachtung durch eine rein politische zu ersetzen. Er geht nicht mehr von der Rechtsidee, sondern von der politischen Form aus. Andererseits bleibt fraglich, weshalb er die »scholastischen Erwägungen« seines Frühwerks aufgegeben haben sollte. Und es gibt zahlreiche Belegstellen im Katholizismus-Essay, in denen der frühere legitimatorische Rekurs auf »die Idee« ebenfalls anklingt. So lässt sich herauslesen, dass Schmitt aus der eschatologischen Bestimmtheit der Kirche ihre relative Neutralität gegenüber der Staatsformenfrage ableitet.[17] Die Kirche kann sich schon deshalb nicht mit einer bestimmten Staatsform, wie Monarchie oder Demokratie, verbinden, weil sie den religiösen Auftrag hat, alle Staatengebilde zu überdauern. Dennoch ist die Beschränkung auf den »römischen Katholizismus« und die »politische Form« auffällig. Schmitt setzt die Formierung des Entscheidungsprimats des Papstes durch die hochmittelalterliche »Papstrevolution«[18] voraus und betrachtet die politische Form des römischen Katholizismus in ihrer Vorbildlichkeit für die Gegenwart. Dahlheimer urteilt: »Carl Schmitt wollte keine katholische Ekklesiologie schreiben. Es ging ihm in seinem Essay letztlich darum, das katholische Prinzip, das er 1923 in der Repräsentation einer Idee sieht, und das er als die dominante Kategorie des Politischen bestimmt, politologisch und staatsrechtlich fruchtbar zu machen.«[19] Mit triumphaler Rhetorik stellt Schmitt die Kirche als eine überdauernde Form dar, die alle politischen Spannungen in eine Einheit der Gegensätze (complexio oppositorum) integriert und in der christlichen Idee der Repräsentation ihr Formprinzip hat. Er feiert den spezifisch politischen und juristischen Rationalismus der Kirche und unterscheidet die persönliche und autoritäre Form der kirchlichen Repräsentation vom unpersönlichen, »ökonomischen Denken« der Moderne. Damit antwortet er auf Max Webers berühmte Thesen vom Geist des Kapitalismus und der protestantischen Ethik. Er identifiziert Liberalismus und Marxismus in der ökonomischen Denkart und bekämpft das russische »Lumpenproletariat« (RK, 60) als die aktuell gefährliche Gestalt des ökonomischen Denkens. Sein apokalyptisches Entsetzen vor diesem Geist der Revolution beschwichtigt er durch die These, dass die Kirche politikfähig sei und »die Erbin« sein werde.

Der Zusammenhang mit der *Politischen Theologie* ist zunächst nicht klar. Denn diese Broschüre scheint nicht die Kirche, sondern den souveränen Staat zu feiern. Genauer betrachtet, zielt Schmitts politischer Begriff der Souveränität aber nicht auf eine bestimmte Institution. Beide Broschüren verbindet die Option für die autoritative politische Entscheidung. Näherhin exemplifiziert Schmitts essayistische Abstraktion der »politischen Form« der Kirche die programmatische Forderung nach einer historischen Erforschung der »Umbesetzung« politischer Begriffe von der Kirche auf den Staat. Der Grundsatz der *Politischen Theologie* lautet: »Alle prägnanten Begriffe der modernen Staatslehre sind säkularisierte theologische Begriffe.« (PT, 49) Im Katholizismus-Essay führt Schmitt dies für den Begriff der Repräsentation aus, in der *Politischen Theologie* skizziert er es am Begriff der Souveränität.

Die Schrift beginnt mit einer sehr bekannt gewordenen Definition der Souveränität: »Souverän ist, wer über den Ausnahmezustand entscheidet.« (PT, 11) Schmitt erhebt die Bewältigung des Ausnahmezustands zum Merkmal der Souveränität. Er identifiziert dabei Macht und Recht nicht, sondern nennt nur diejenige politische Gewalt souverän, die in der Entscheidung über den Ausnahmezustand ein Minimum an rechtlicher Ordnung schafft.[20] Der Souverän ist demnach der Revolution gegenüber im Recht, solange die revolutionäre Bewegung keine eigene Ordnung konstituiert. Schmitt betont die Unfähigkeit des liberalen Rechtsstaats (PT, 18 ff.) und seiner Staatslehre, den Ausnahmezustand wahrzunehmen und ein juristisches Instrumentarium für seine politische Bewältigung zu liefern. Er beruft sich auf Bodin und Hobbes. Dabei zitiert er Bodin (PT, 13 ff.) als Vater des modernen Souveränitätsbegriffs, Hobbes (PT, 44 ff.; D, 22 ff., 30 f.) als das klassische Beispiel für jenes dezisionistische Entscheidungsdenken, das die – »normativ betrachtet, aus einem Nichts geborene« (PT, 42) – Verbindlichkeit einer politischen Entscheidung aus keiner höheren Wahrheit herleitet als aus der Autorität des Souveräns selbst. »Auctoritas, non veritas facit legem« (PT, 54) – Autorität und nicht Wahrheit macht das Gesetz. Gesetze gelten nicht aufgrund eines Wahrheitsbezugs, sondern kraft der Anerkennung der rechtsetzenden Instanzen.[21]

Schmitt definiert die Souveränität politisch. Er setzt eine machtpolitische Ordnungsleistung voraus. Recht und Staat gibt es demnach erst durch eine souveräne Entscheidung über die Ordnung. Macht und Recht koinzidieren in der souveränen Entscheidung. Die politische Entscheidung ist ordnungs- und d.h. rechtstiftend. Erst die Entscheidung schafft den Ordnungsrahmen, der juristisch-institutionell als Staat formiert und formuliert werden kann. Es ist wichtig, diese politische Definition von einer juristisch-institutionellen, verfassungsrechtlichen Definition zu unterscheiden. Erst dann erschließt sich der Kapitelzusammenhang der Schrift *Politische Theologie*. Sie geht nämlich nach der Definition der Souveränität und der kritischen Konfrontation der neueren Staatslehre mit der klassisch-dezisionistischen Souveränitätstheorie nicht zur Formulierung der verfassungsrechtlichen Konsequenzen über, wie man erwarten könnte, sondern schließt stattdessen das programmatische Methodenkapitel »Politische Theologie« an und endet mit einem Kapitel »Zur Staatsphilosophie der Gegenrevolution«.

Das Methodenkapitel generalisiert das eigene definitorische Vorgehen. Als politische Theologie wird die Aufgabenstellung bezeichnet, mittels einer Begriffssoziologie die »methodische Verwandtschaft«, »systematische Analogie« und »Parallele« von Theologie und Jurisprudenz (PT, 59 f.) – eine »Identität« in der »Struktur« ihrer Grundbegriffe – zu konstatieren. Zugrunde liegt dieser Methode die bereits zitierte These, dass »alle prägnanten Begriffe der modernen Staatslehre […] säkularisierte theologische Begriffe« (PT, 49) sind.

Schmitts Antipode Hans Kelsen[22] vertrat ähnliche Thesen. Immer wieder sprach Kelsen vom Verhältnis von »Staatsform und Weltanschauung«. Immer wieder betonte er: »Der metaphysisch-absolutistischen Weltanschauung ist eine autokratische, der kritisch-relativistischen die demokratische Haltung zugeordnet.«[23] Und Kelsen meinte: »Wenn ich mich für die Demokratie entscheide, geschieht es ausschließlich [...] aus der Beziehung der demokratischen Staatsform zu einer relativistischen Weltanschauung.«[24] In zahlreichen Schriften[25] bekämpfte er ein platonisch-christliches »Naturrecht«, das die Geltung der staatlichen Gesetze unter den Vorbehalt einer höheren Gerechtigkeit und Wahrheit stellte.

Schmitt nimmt seine Fragen daher nicht zuletzt von Kelsen auf. Er beantwortet sie aber ganz anders, ohne sich in gleicher Weise um eine systematische Ausarbeitung zu bemühen. Es kann keine Rede davon sein, dass er seine politische Theologie als »Forschungsprogramm« (H. Lübbe) konsequent durchgeführt hätte. Wie Kelsen jedoch begriff er die politische Auseinandersetzung zugleich als Kampf der Weltanschauungen. Schmitt stimmt Kelsen in der These zu, dass die weltanschaulichen Voraussetzungen der Monarchie entfallen seien. So konstatiert er im titelgebenden Kapitel eine Strukturidentität zwischen »Monarchie und theistischem Weltbild« (PT, 60ff.) sowie einen »Übergang von Transzendenz- zu Immanenzvorstellungen« (PT, 63ff.). Obwohl er damit die überlieferte »Staatstheologie« (H. Kelsen) verabschiedet, stellt er sich im abschließenden Kapitel »Zur Staatsphilosophie der Gegenrevolution« in die Reihen der Gegenrevolution.

Schmitt macht dabei deutlich, in welch prekärer Lage er seine eigene Option für die »Gegenrevolution« sieht. Mittels einer Skizze des politisch-theologischen Gegensatzes, der die Verfassungskämpfe des 19. Jahrhunderts bestimmte, übersetzt er den anfänglich erörterten Gegensatz zwischen der dezisionistischen und der positivistischen Auffassung der Souveränität in eine politisch-theologische Opposition. Er stellt sich in die Linien der gegenrevolutionären Kritiker der modernen Immanenzvorstellungen und konstruiert einen Kampf zwischen »Autorität und

Anarchie« (PT, 83) infolge der Abkehr von der christlichen Metaphysik. Demnach machte die Staatsphilosophie der Gegenrevolution von de Maistre über Bonald zu Donoso Cortés, einem für Schmitt wichtigen spanischen Diplomaten und Liberalismuskritiker um 1848, eine »ideengeschichtliche Entwicklung von der Legitimität zur Diktatur« (PT, 80 ff.) durch, bei der die Gegenrevolution ihr gottgewisses Vertrauen in die Geschichte verlor. Erst von diesem Schluss her wird das Pathos der dezisionistischen Definition der Souveränität verständlich, die sich auf eine »Philosophie des konkreten Lebens« (PT, 22; GLP, 85) und einen »protestantischen Theologen« (Kierkegaard) beruft. Die Bejahung der christlichen Idee der Repräsentation führt Schmitt in die Reihen der Gegenrevolution, die gegen die sog. Ideen von 1789 kämpft und, grob gesagt, der Diktatur das Wort redet, weil sie das Vertrauen in die dynastische Legitimität verloren hat.

Souveränitätslehre als Rechtslehre

Schmitts Souveränitätslehre scheint einen scharfen Bruch mit dem Frühwerk zu markieren. Mit der Entwicklung einer spezifisch politischen Betrachtungsweise scheint ein Umdenken über Staat und Kirche zu erfolgen. Zwar wirkt der Wandel vom *Wert des Staates* zur *Politischen Theologie* krass. Aber schon eine umfassendere Betrachtung des Frühwerks und die Berücksichtigung der Entscheidungslehre von *Gesetz und Urteil* belegen Kontinuitäten.[26] Schon Hasso Hofmann stellt solche Kontinuitäten im Wandel von Schmitts diversen Legitimitätskonzepten heraus. Er zeigt, dass das Problem der »Rechtsverwirklichung« für Schmitt leitend blieb. Diese Kontinuität im Rechtsbegriff verstellt Hofmann allerdings ein Stück weit, indem er Schmitts rechtsphilosophische Problemfrage am Leitfaden des Legitimitätsbegriffs erörtert. Damit beschreibt er zwar Schmitts polemischen Gestus der Konfrontation von »Legitimität gegen Legalität« prägnant. Schmitt selbst hat den Legitimitätsbegriff aber, in Anknüpfung an die neuere Begriffsgeschichte, als Komplementärbegriff zur Legalität verstanden und vom Rechtsbegriff unterschieden. Immer wieder kritisierte er die moderne »Verwandlung« (VRA, 446 f.) und »Aufspaltung des Rechts in Legalität und Legitimität« (VRA, 424; vgl. 386-429). Dabei stellte er sich nicht auf die Seite der antiquierten »dynastischen Legitimität«, sondern destruierte die demokratische Legitimitätsanschauung. Der moderne Verfassungsstaat legitimiert sich im Rekurs auf den Volkswillen und verrechtlicht die Verfahren der Feststellung des Volkswillens. Dadurch kommt es, worauf Luhmann[27] aufmerksam machte, zu einer legalistischen Konstruktion der Legitimität. Schmitt will einen Rechtsbegriff jenseits dieser Konstruktion denken.

Sein Ansatz zeigt sich schon im Frühwerk, das verschiedenste philosophische Einflüsse aufnimmt. Die Habilitationsschrift signalisiert eine neukantianische Orientierung. Daneben finden sich philosophische Rekurse auf den Katholizismus und den »Fiktionalismus« Hans Vaihingers[28], der Kant mit Nietzsche verband. Man fragt sich, wie diese heterogenen Gedankenwelten zusammenpassen. Von der Souveränitätslehre her gesehen, liegt eine Rekonstruktion in folgende Richtung nahe: Systematisch ist der Rekurs des Frühwerks auf eine vorgängige Rechtsidee mit der Souveränitätslehre vereinbar, wenn die Rechtsidee fiktionalistisch aufgefasst und politisch interpretiert wird. Schmitt versteht die Rechtsidee demnach als eine politische »Fiktion« und dezisionäre Stiftung der souveränen Ordnungsmacht. Darauf zielt die Annahme einer Koinzidenz von Macht und Recht in der souveränen Ordnungsstiftung. Die transzendentale »Fiktion« der Rechtsidee reflektiert dabei nichts anderes als den metapolitischen Anspruch der Rechtstiftung. Eine politische Ordnung kennzeichnet sich als Rechtsordnung, indem sie eine Differenz von Macht und Recht setzt und eine Selbstverpflichtung der Macht auf den Funktionsmodus des Rechts eingeht. Macht und Recht koinzidieren zwar im Moment der Ordnungsstiftung. Mit der Stiftung einer Rechtsordnung verselbstständigt sich aber das Recht als Funktionsmodus dieser Ordnung. Die Ordnungsmacht erkennt diese stabilisierende Funktion durch eine Selbstverpflichtung zum Erhalt des Rechts an. Die Annahme einer Rechtsidee berücksichtigt diese Unterscheidung von Macht und Recht als autonomen Geltungsanspruch des Rechts.

Diese systematische Rekonstruktion scheint sich vom Buchstaben der Souveränitätslehre zu entfernen. Schmitt hält den Rechtsanspruch der Souveränitätslehre missverständlich bedeckt. Er wurde hier deshalb betont, um die Souveränitätslehre als Rechtslehre von der bloßen Machtanalytik zu unterscheiden. Das ist für die Gesamtauffassung überaus wichtig. Eine Einheit des Werks als Rechts- und Verfassungslehre lässt sich nur erweisen, wenn die Souveränitätslehre als Rechtslehre und Achse des Gesamtwerks sichtbar wird. Der Rekurs auf die Rechtsidee der Habilitationsschrift deutet eine Kontinuität zum Frühwerk an und verdeutlicht zugleich den Rechtsanspruch der Souveränitätslehre. Von diesem Angelpunkt ausgehend, lässt sich auch die weitere Entwicklung des Rechtsdenkens rekonstruieren. Schmitts begriffliche Unterscheidung zwischen seinem Rechtsbegriff und der modernen Aufspaltung von Legalität und Legitimität ist hier besonders wichtig. Schmitt verzichtet um der methodischen Grenze seines Unternehmens willen auf eine philosophisch-systematische Erörterung dieser begrifflichen Unterscheidung. Er beschwört sie nur begriffsstrategisch. In der *Verfassungslehre* fällt sein evokativer Gegenbegriff im Zusammenhang mit Ausführungen zum »rechtsstaatlichen Gesetzesbegriff« eher unscheinbar und beiläufig: »Das, was gerade fehlt, ist der Nomos.« (VL, 142) Schmitt evoziert die Eigenart seines Rechtsbegriffs gegenüber den modernen Komplementärbegriffen »Legalität« und »Legitimität« durch die Rede vom »Nomos«. Er »möchte dem Wort seine erste Kraft und Größe zurückgeben« (NE, 36). Vorgreifend kann hier nur angedeutet werden, wie er »Recht« als »Nomos« anspricht:

Während er bis 1933 im Wesentlichen nur die Selbstzerstörung der Weimarer Republik verfassungstheoretisch diagnostiziert, exponiert er seinen Rechtsbegriff emphatisch erst mit der Machtergreifung der Nationalsozialisten. Im Oktober 1933 nennt er den Willen des Führers den »nomos des deutschen Volkes«[29]. Die Programmschrift *Über die drei Arten des rechtswissenschaftlichen Denkens* führt den Nomos-Begriff 1934 dann als Rechtsbegriff historisch und systematisch eingehender ein. Schmitt vertritt zu diesem Zeitpunkt die Auffassung, dass erst der Nationalsozialismus eine souveräne Ordnungsleistung erbringt, die im vollen Sinne Recht genannt zu werden verdient. Deshalb reklamiert er den Rechtsstaatsbegriff auch für den Nationalsozialismus. (Vgl. SGN, 108 ff., 121 ff.) Schmitt macht mehrere definitorische Angebote für den Nomos als Inbegriff des Rechts. Zunächst betont er, dass das Recht »sowohl Norm, wie Entscheidung, wie vor allem Ordnung« (DARD, 13) ist. Später definiert er Recht als »Einheit« und »Zusammenhang von Ordnung und Ortung« (SGN, 320; NE, 13 ff., 36 ff.; TP, 72). Zuletzt umschreibt er es durch die Relationen von »Nehmen, Teilen, Weiden« (VRA, 489-504) und »Nomos, Nahme, Name« (SGN, 573-586). Diese Stichworte sind gar nicht so heterogen und rätselvoll, wie es zunächst scheint. Stets betont Schmitt die Ordnungsvoraussetzung des Rechts. Das dezisionäre Moment einer geschichtlichen Entscheidung und Stiftung einer Rechtsordnung beschreibt er dann – während des Krieges – zunächst mit dem militärwissenschaftlichen Begriff »Ortung«, später mit dem Bezug auf die imperiale »Nahme«. Eine souveräne Ordnungsstiftung bedarf seiner Auffassung nach der »Krönung« durch einen »Namen«, um sich als Rechtsordnung zu erfassen. Alle diese begrifflichen Bestimmungen sind bereits mit der skizzierten Auffassung von der Souveränitätslehre als Rechtslehre angesprochen.

Schmitt entfaltet seinen Rechtsbegriff mit der Rede vom Nomos aber auch in historischer und normativ-kritischer Perspektive. Er entwickelt eine universalgeschichtliche Gesamtbetrachtung vom *Nomos der Erde* und schreibt diese Rechtsgeschichte als Verfallsgeschichte. Er betrachtet die »Einheit von Ordnung und Ortung« als eine Geschichte der »Entortung« der einst auf Rom (vgl. SGN, 491-494) zentrierten Weltgeschichte des europäischen Völkerrechts. Diese Verfallsgeschichte skizziert er geschichtsphilosophisch als einen Übergang vom Nehmen zum Weiden: Heute ist die Welt genommen und verteilt. Nun wird sie ausgeweidet und in ihren Ressourcen verbraucht. Schmitt fasst diesen Prozess mittels etymologischer Spekulationen auch als Verfallsgeschichte der initialen Bedeutungsdimensionen des Wortes »Nomos« auf. Diese Spekulationen zeigen einen Wechsel von der historischen und philosophischen zur geschichtstheologischen Betrachtungsweise an. Ist der Mensch in der geschichtsphilosophischen Perspektive der Nahme noch das Subjekt des Rechts und der Geschichte, so lässt die Auslegung der Weltgeschichte des Rechts als Auslegungsgeschichte eines Wortes eine religiöse Auffassung zu.

Dieser gedrängte Vorblick auf die weitere Entwicklung des Rechtsbegriffs ist für sich genommen kaum verständlich. Schmitts rechtsgeschichtliche Beschreibungen sind aber alles andere als dubios. Und auch seine systematischen Überlegungen sind keineswegs abwegig. Denn historisch betrachtet lässt sich die Rechtsgeschichte von der Machtgeschichte kaum isolieren. Die Eigenart der Betrachtungsweise liegt nicht zuletzt in der methodischen Entscheidung, den Rechtsbegriff als normativ-praktischen Begriff historisch zu beschreiben. Wie dies geschieht, konnte nur angedeutet werden. Um der Gesamtauffassung des Werks als juristische Verfassungslehre willen war es jedoch wichtig, die Bedeutung der Souveränitätslehre als Rechtslehre und Angelpunkt des Werks aufzuzeigen. Schmitt hält an einer machtanalytischen Betrachtung der Rechtsentwicklung fest, ohne den normativen Anspruch des Rechtsbegriffs aufzugeben.

3. Staatsrechtliche Dekonstruktion der modernen Verfassung

Der nationalistische Affekt als Ausgangsimpuls

Der Versailler Vertrag brachte Deutschland umfangreiche territoriale Verluste und einschneidende Reparationsforderungen. Mit ihm wurde darüber hinaus die Besetzung des Saarlandes, der linksrheinischen Gebiete sowie rechtsrheinischer Stützpunkte vereinbart. Dies wurde in der deutschen Öffentlichkeit weithin als unerträgliches Diktat empfunden. Man glaubte nicht an die deutsche Kriegsschuld und hatte einen Friedensschluss erwartet, der die endlich errungene nationale Einheit sowie die im Wilhelminismus beanspruchte Weltmachtstellung nicht prinzipiell traf. Die Empörung ging quer durch die Parteien. So verweigerte der sozialdemokratische Reichskanzler Scheidemann die Unterzeichnung des Vertrags und trat zurück, nachdem er auf einer Kundgebung der Nationalversammlung (in der Aula der Berliner Universität) noch unter stürmischem Beifall meinte: »Welche Hand müsste nicht verdorren, die sich und uns in diese Fesseln legt?« Auch ein Liberaler wie Max Weber lehnte den Vertrag in der ersten Empörung zunächst brüsk ab, besann sich dann freilich in »Verantwortung vor der Zukunft« Deutschlands anders.[30] Man empörte sich insbesondere über den sog. Kriegsschuldartikel, der – verkürzt – besagte, dass »Deutschland und seine Verbündeten als Urheber für die Verluste und Schäden verantwortlich sind« (Art. 231 des Versailler Vertrags). Dieser Kriegsschuldartikel wurde politisch derart instrumentalisiert, dass Deutschland als der allein schuldige Urheber dastand. Man akzeptierte dies politisch nie, sondern fügte sich nur schweren Herzens um einer künftigen Ordnung willen. Die Alternative, den Versailler Vertrag nicht zu unterzeichnen, hätte schließlich eine Fortsetzung des Krieges und die militärische Besetzung Deutschlands bedeutet. Obwohl die Revision von Versailles ein gemeinsames Ziel aller Weimarer Parteien war und nur über den Weg Differenzen bestanden, machte die nationalistische Rechte die Weimarer Republik für die Unterzeichnung des »Schanddiktats« verantwortlich und sah das republikanische System als solches als das System der Sieger an.

Für Schmitts situationsbewusste Haltung ist es bezeichnend, dass er in der Bürgerkriegslage bei Gründung der Republik stärker für deren Bestand optiert und seinen Kampf mit Weimar erst nach der ersten Konsolidierung aufnimmt. In seinem »periodisierenden Rückblick« charakterisiert er die Jahre 1919 bis 1932 als »entpreußtes Deutschtum mit Liberal-Demokratie Weimarer Art und stark nationalen Reaktionen (Anti-Versailles)«. Es bleibt hier zweideutig, ob sich die nationalistischen Reaktionen und Affekte ursprünglich an Weimar oder an Versailles entzündeten. 1940 veröffentlicht Schmitt unter dem Titel *Positionen und Begriffe im Kampf mit Weimar – Genf – Versailles 1923-1939* eine Sammlung wichtiger Aufsätze, die einen siegreichen Dreifrontenkampf dokumentiert. Schmitt datiert den Beginn seines Kampfs auf das Jahr 1923, was auf seine Konfrontation der autoritären »politischen Form« des Katholizismus mit dem Weimarer Parlamentarismus verweist. Er kritisiert Weimar dabei nicht zuletzt um des Kampfes mit Versailles und Genf willen aus einer »nationalistischen Grundprägung« heraus. Schmitts Datierung seines Kampfes fällt mit dem Ruhrkampf zusammen. Im Januar 1923 waren französische und belgische Truppen zur Sicherung der Reparationsleistungen ins Ruhrgebiet einmarschiert, woraufhin die Bevölkerung mit einem passiven Widerstand reagierte. Es war der schleichende Kampf einer besiegten, in dieser Frage einigermaßen einmütigen Nation gegen ihre verhassten Besatzer.

Schmitt erlebte den Ruhrkampf in Bonn. Publizistisch setzt sein Kampf mit zwei Broschüren gegen Versailles und Genf ein: Dies sind *Die Rheinlande als Objekt internationaler Politik* (1925) und *Die Kernfrage des Völkerbundes* (1926). Beide fordern das Selbstbestimmungsrecht der deutschen Nation und bestreiten die Legitimität der Sieger. In dem Text *Die Rheinlande als Objekt* kritisiert Schmitt in zwei Teilen das »Unrecht der Fremdherrschaft« und den »Betrug der Anonymität« (ROIP, 22). Als »Betrug der Anonymität« versteht Schmitt den Versuch der Sieger, dem Beherrschten die eigenen Rechtsvorstellungen aufzuzwingen und dadurch über die Tatsache der Fremdherrschaft hinwegzutäuschen. Immer wieder geht es ihm darum, der Herrschaft die »Maske« der Anonymität zu nehmen und das völkerrechtliche Vokabular politisch zu lesen. So bestreitet er in der Schrift *Die Kernfrage des Völkerbundes* den Siegern das Recht (die »Legitimität«), im Namen des Völkerrechts zu handeln. Schmitt verwirft den Genfer Völkerbund als eine politische Justiz der Sieger des Ersten Weltkriegs, die nur den Zweck habe, den Status quo von Versailles rechtlich zu befestigen. Er nimmt einen Rechtstitel beim Wort und überführt ihn seines Missbrauchs. Insofern lässt sich in einem präzisen Sinne von »Dekonstruktion« sprechen.

Dekonstruktion des Parlamentarismus

Als dekonstruktive Argumentation wird hier Schmitts Verfahren bezeichnet, die juristischen Materien prinzipiell zu begreifen und staats- und verfassungstheoretische Modelle von hoher

Abstraktheit in perspektivisch-pointierter Wahrnehmung der Gegenwart und politisch-polemischer Absicht zu konstruieren, um deren historische Selbstzersetzung infolge der Entfaltung immanenter Inkonsequenzen und Selbstwidersprüche zu beschreiben. Dieses Verfahren findet sich im ganzen Werk. Die Modellkonstruktion dient der praktischen Demontage, die in Form der juristischen Analyse bestimmter Auflösungsprozesse erfolgt. Dies zeigt sich schon in Schmitts Neigung, bestimmte Grundbegriffe vorzugeben und vorauszusetzen, etwa die »Definition der Souveränität«, »Prinzipien des Parlamentarismus«, den »Begriff des Politischen« oder den »Begriff der Verfassung«, um dann einen »Sinnwandel« zu konstatieren, der nach neuen Positionen und Begriffen verlangt.

In der Forschung ist die Auffassung verbreitet, dass Schmitt Idealbegriffe gegen die – an diesen Vorgaben gemessen – ungeliebte politische Wirklichkeit ausspielt. Gerade seine Liberalismuskritik erfolgt jedoch nicht aus dem idealistischen Bestreben, den ursprünglichen Sinn des Liberalismus gegen seine Entartung zu retten. Schmitt geht bei seinem Gegner in die Schule, um ihm den historischen Verrat an seinen eigenen Idealen vorzuhalten und ihn derart zu entwaffnen, einem Spruch aus Nietzsches *Zarathustra* getreu: »Oh meine Brüder, bin ich denn grausam? Aber ich sage: was fällt, das soll man auch noch stoßen! Das Alles von heute – das fällt, das verfällt: wer will es halten! Aber ich – ich *will* es noch stoßen!«[31]

Dies bestätigt Ernst Jünger in einem Brief vom 14. Oktober 1930: »Ich schätze das Wort zu sehr, um nicht die vollkommene Sicherheit, Kaltblütigkeit und Bösartigkeit Ihres Hiebes zu würdigen, der durch alle Paraden geht. Der Rang eines Geistes wird heute durch sein Verhältnis zur Rüstung bestimmt. Ihnen ist eine besondere kriegstechnische Erfindung gelungen, eine Mine, die lautlos explodiert. Man sieht wie durch Zauber die Trümmer zusammensinken; und die Zerstörung ist bereits geschehen, ehe sie ruchbar wird.« (EJCS, 7)

Solche Begriffsminen zündet Schmitt besonders wirksam im Kampf gegen den Parlamentarismus. *Die geistesgeschichtliche Lage des heutigen Parlamentarismus* desillusioniert 1923 die junge Republik, indem sie einen Verlust des ursprünglichen Glaubens an die klassischen Prinzipien Diskussion und Öffentlichkeit konstatiert. Die 1926 in die zweite Auflage aufgenommene »Vorbemerkung über den Gegensatz von Parlamentarismus und Demokratie« unterscheidet die »prinzipielle« von der »sozial-technischen« (GLP, 7, 12 f.) Begründung, die den Parlamentarismus als ein mehr oder weniger nützliches Regierungssystem pragmatisch betrachtet. Schmitt lehnt insbesondere Max Webers Option für den Parlamentarismus als Instrument der politischen Führerauslese ab und fragt dagegen nach dem »Spezifischen des Parlamentarismus« als einer »besonders gearteten Staats- und Regierungsform« (GLP, 10), um »den letzten Kern der Institution des modernen Parlaments zu treffen« (GLP, 30). Der Parlamentarismus steht und fällt nach Schmitts Darlegung mit dem Glauben, dass die öffentliche Diskussion die relative Wahrheit mehrheitsfähiger Entscheidungen ermittelt. Den Parlamentarismus charakterisiert der Glaube an die Findung von »Wahrheit und Richtigkeit« (GLP, 6, 9, 11) durch öffentliche Diskussion im Parlament. Die Richtigkeitsorientierung des parlamentarischen Diskurses mag sich dabei auf die Funktionalität des Steuerungsmodus parlamentarischer Gesetzgebung beziehen, die Wahrheitsorientierung betrifft das Verfahren der öffentlichen Diskussion selbst. Der Parlamentarismus institutionalisiert eben jenes »ewige Gespräch« (GLP, 46, 58; PR, 192 ff.), das die politischen Romantiker am Beginn des 19. Jahrhunderts ersehnten. Schmitt unterstellt damit einen Zusammenhang zwischen der bürgerlich-romantischen Geisteshaltung und der Institution des Parlamentarismus.

Das Parlament erscheint ihm als ein Ort apolitischer, bürgerlicher Selbstbespiegelung, die nie zu Entscheidungen gelangt.

Die geistesgeschichtliche Lage beschreibt den Prozess einer Selbstzersetzung, dass der »relative« Rationalismus des Parlamentarismus am »Problem der Willensbildung« (GLP, 37) scheiterte. Schon in der Französischen Revolution kam es zu einem Umschlag in den »absoluten Rationalismus« der Diktatur: zur »Suspendierung der Demokratie im Namen der wahren, erst noch zu schaffenden Demokratie« (GLP, 37). Die Schrift begreift die »Diktatur im marxistischen Denken« als den – an Hegel geschulten – nächsten konsequenten Schritt zur »Diktatur der Vernunft«, d.h. der Herrschaft im Namen der Wahrheit.[32] Im Gegenschlag entstehen dann »irrationalistische Theorien unmittelbarer Gewaltanwendung als Gegner des Parlamentarismus«. Nach dem Verfall der »relativ« und »absolut« rationalistischen Repräsentation betritt der Irrationalismus die Straße und schreitet zur Gewaltanwendung. Ein neuer Mythos vom vitalen Leben bestimmt die Massen. Zwei einander feindliche Bewegungen vertreten ihn: der revolutionäre Syndikalismus, der der marxistischen Idee vom Klassenkampf im Mythos vom Generalstreik neues Leben gibt, und der im italienischen Faschismus gerade siegreiche Nationalismus. Kraft ihres Mythos wird sich eine dieser Bewegungen durchsetzen, prognostiziert Schmitt; er stellt sich dabei auf die Seite des Nationalismus, meint, dass »die Energie des Nationalen größer ist als die des Klassenkampfmythus« (GLP, 88). Im italienischen Faschismus[33] bejaht er den Triumph des autoritären Nationalismus über die Revolution. Feierte er in der Schrift *Römischer Katholizismus und politische Form* gerade noch das Vorbild der Kirche, wechselt Schmitt 1923 zum (italienischen) Faschismus über.

Mit der *Geistesgeschichtlichen Lage* beschreibt Schmitt einige »entscheidende Momente der Ideengeschichte des 19. Jahrhunderts« (D, X) als »Entwicklung eines Legitimitätsbegriffs [...] von der dynastischen zur demokratischen Legitimität« (GLP, 39; PT, 65). Während die dynastische Legitimitätsvorstellung nach der Terminologie der *Verfassungslehre* zur Lehre von der Monarchie gehört, die ihr »Formprinzip« in der »Repräsentation« (der absoluten, christlichen Idee) hat, entspricht der demokratischen Legitimität das Formprinzip der »Identität«. In der Demokratie beruht die Legitimität auf der Anerkennung der Regierenden durch die Regierten, die virtuell selbst Regierende sind. Der Parlamentarismus markiert eine Übergangsphase: Zwar beruft er sich auf die demokratische Idee, andererseits aber verwertet er das Formprinzip der Repräsentation. (GLP, 43 ff.) Er enthält deshalb »aristokratische Elemente« (VL, § 23). Seine Zwischenstellung kommt in seinem »relativen« Rationalismus zum Ausdruck. Er hat noch idealistische Vorstellungen von der politischen »Wahrheit«. Trotz der Berufung auf die demokratische Legitimität entspricht der Parlamentarismus deshalb nicht der Form von Demokratie, die Schmitt radikal antiliberal als Staatsform des 20. Jahrhunderts begreift. Mit aller Konsequenz konstruiert er in seinem staatsrechtlichen Werk einen »Gegensatz von Parlamentarismus und Demokratie«, den Jürgen Habermas den »eigentlich problematischen Zug« seines Denkens nennt: Schmitt »beschränkt das Verfahren der öffentlichen Diskussion auf die Rolle der parlamentarischen Gesetzgebung und entkoppelt es von demokratischer Willensbildung überhaupt«[34].

Gewiss gibt es häufig politische Spannungen zwischen Parlamentarismus und Demokratie. Die mangelnde Akzeptanz des Weimarer Parlamentarismus im Volk gilt allgemein als ein Grund für den Zerfall der Republik. Schmitt legt dies jedoch geschichtsphilosophisch überspannt als prinzipiellen Gegensatz aus. Er konzipiert eine Demokratie, deren Willensbildung nicht mehr in parlamentarischen Formen erfolgt. Wie artikuliert sich aber ein Volkswille, wenn nicht über die Parteien und durch die Abgeordneten im Parlament? Die Stimme der Straße ist deutlich, meint Schmitt, allerdings wenig artikuliert. Das Volk kann nur akklamieren, führt er erstmals im Zusammenhang mit dem italienischen Faschismus (GLP, 22 f.) aus.[35] Im Unterschied zur öffentlichen Diskussion des bürgerlichen Zeitalters äußert es sich in der Massendemokratie »irrationalistisch«: voluntaristisch und »plebiszitär« im Ja und Nein. Es entscheidet nach Sympathie und Antipathie, Freundschaft und Feindschaft.

Im Gegensatz zur parlamentarischen Repräsentation sieht Schmitt die Demokratie durch eine »Reihe von Identitäten« (GLP, 34) und Immanenzvorstellungen gekennzeichnet. Ihr formales Merkmal ist die »Identifikation« (GLP, 35, 38): das Ja des Volkes zum politischen System und seiner Führung. Schmitt definiert Demokratie als »Identität von Regierenden und Regierten« (GLP, 20, 35; VL, 231 ff.) im Sinne der Identifikation des Volkes mit seiner Herrschaft und setzt dabei den Herrschaftscharakter des Politischen voraus. Sein Begriff der Demokratie umfasst gleichermaßen den soziologischen Befund der Massenloyalität wie den staatsrechtlichen Befund legitimatorischer Rückbindung staatlicher Herrschaft an das Volk. Schmitt macht bei seiner Lehre von der Demokratie ideengeschichtliche Anleihen bei Rousseau und deutet dessen »volonté générale« pointiert als »Einstimmigkeit« und »bis zur Identität gesteigerte Homogenität« (GLP, 19 f., 34 f.; PT, 62). Er betont damit die politische Formierung der kollektiven »Sittlichkeit« eines Volkes. Soziale Homogenität beruht dann, dem *Begriff des Politischen* entsprechend, auf der politischen »Unterscheidung von Freund und Feind«: »Zur Demokratie gehört also notwendig erstens Homogenität und zweitens – nötigenfalls – die Ausscheidung oder Vernichtung des Heterogenen.« (GLP, 14) Schmitt deutet den »volonté générale« im Licht des modernen Irrationalismus nicht als Verfahren der parlamentarischen Willensbildung, sondern als homogene Sittlichkeit des Volkes, das sein Gesetz im Sinne seiner politischen Existenz bejaht. Von diesem Begriff der Demokratie als Selbstbejahung der politischen Existenz und Herrschaft her muss man Schmitts Liberalismuskritik verstehen.

Der Gegensatz von Liberalismus und Demokratie in der *Verfassungslehre*

Wie konnte es zu einer solchen »Lehre von der Demokratie« kommen? Der Erste Weltkrieg hatte mit den Rechtsgrundlagen auch die Staatsrechtslehre verwandelt. »Die vom Positivismus erarbeitete Abdichtung des Rechts gegen politische und wirtschaftliche Zwecke schien im Lichte des Zieles, den Krieg zu gewinnen, plötzlich sinnlos.«[36] Versailles traumatisierte das öffentliche Bewusstsein und bewirkte eine »allgemeine Nationalisierung der Fragestellungen«[37]. Nach den Erfahrungen des Weltkriegs verstärkte sich die Tendenz zur Abwendung vom Rechtspositivismus des Kaiserreichs, der sich in neutralisierender Absicht auf eine Versöhnung der Monarchie mit rechtsstaatlichen Formen auf die positive Gesetzesform beschränkt hatte und den politischen Gehalt des Gesetzes nicht weiter hinterfragte. Die Wendung zur politischen Staatsrechtswissenschaft findet sich nicht nur bei Carl Schmitt, sondern auch bei anderen Staatsrechtlern wie Erich Kaufmann, Rudolf Smend und Hermann Heller. Man spricht, an Smend anschließend, von einer geisteswissenschaftlichen Wende der damaligen Staatsrechtswissenschaft, doch könnte man auch von einer soziologischen oder politikwissenschaftlichen Wendung zur »Wirklichkeitswissenschaft« sprechen, wie es Hermann Hellers (1934 posthum veröffentlichte) *Staatslehre* abschließend formulierte.[38] Im Grunde handelte es sich um einen Streit über »gegenseitige Wissenschaftskonzeptionen und -haltungen«[39], um eine »Generaldiskussion um den Standort des Faches«[40] und die politische Daseinsform überhaupt. Mit der Gründung der Deutschen Staatsrechtslehrervereinigung – heute noch das Eintrittsbillet in die Zunft – fand diese Diskussion 1922 ein neues Forum. Dort wurden die Streitfragen kontrovers diskutiert. 1928 ragten zwei große Würfe heraus, die zusammen mit Hellers *Staatslehre* das bundesrepublikanische Staatsrechtsverständnis schulten: Smends *Verfassung und Verfassungsrecht* und Schmitts *Verfassungslehre*. Da Schmitts Bedeutung gerade in der politischen Auffassung der Staatsrechtswissenschaft als Verfassungslehre gesehen werden muss, ist hier die Architektur der *Verfassungslehre*[41] im Zusammenhang mit dem *Begriff des Politischen* eingehender vorzustellen. In einem weiteren Verständnis lässt sich Schmitts ganzes Denken als Verfassungslehre im Sinne einer praktisch eingreifenden Lehre von der politischen Verfassung verstehen. Mit Schmitts Verfassungslehre ist deshalb in dieser Einführung nicht nur die gleichnamige Schrift gemeint, sondern das verfassungsrechtliche Werk insgesamt.

Für Schmitts politisches Verfassungsverständnis ist der systematische Zusammenhang des *Begriffs des Politischen* mit dem in der *Verfassungslehre* entwickelten »Begriff der Verfassung« wesentlich. Dieser Zusammenhang wird von der Forschung gelegentlich in zwei Richtungen verzeichnet: Einerseits findet sich ein etatistisches Missverständnis des Verfassungsbegriffs und andererseits eine irrige Trennung zwischen einer juristischen und einer politischen Autorschaft. 1927 war eine erste Fassung des *Begriffs des Politischen* erschienen, der in vier – am Ende dieser Einführung eingehender diskutierten – nicht unerheblich divergierenden Fassungen (1927, 1932, 1933, 1963) vorliegt. 1963 veröffentlichte Schmitt den Text von 1932 mit einem Vorwort und drei Korollarien. Der Text ist nicht nur eine Grundlegung des Verfassungsbegriffs, sondern auch eine Summe von Schmitts damaligem politischem Denken – Ernst Jünger spricht von einem Hieb, »der durch alle Paraden geht«. Für den Zusammenhang mit der *Verfassungslehre* sind hier insbesondere zwei Thesen wichtig: zum einen die These vom Vorrang des Politischen vor dem Staat. In der rätselvollen Eingangsformel lautet sie: »Der Begriff des Staates setzt den Begriff des Politischen voraus.« (BP, 20) Zum anderen das spezifisch politische Kriterium der Unterscheidung von Freund und Feind, das zu den umstrittensten Thesen Schmitts gehört:

»Die Unterscheidung von Freund und Feind hat den Sinn, den äußersten Intensitätsgrad einer Verbindung oder Trennung, einer Assoziation oder Dissoziation zu bezeichnen; sie kann theoretisch und praktisch bestehen, ohne daß gleichzeitig alle jene moralischen, ästhetischen und ökonomischen oder anderen Unterscheidungen zur Anwendung kommen müßten. Der politische Feind braucht nicht moralisch böse, er braucht nicht ästhetisch häßlich zu sein; er muß nicht als wirtschaftlicher Konkurrent auftreten, und es kann vielleicht sogar vorteilhaft scheinen, mit ihm Geschäfte zu machen. Er ist eben der andere, der Fremde, und es genügt zu seinem Wesen, daß er in einem besonders intensiven Sinne existentiell etwas anderes und Fremdes ist, so daß im extremen Fall Konflikte mit ihm möglich sind«, die die »Negation der eigenen Art Existenz« (BP, 27), die »seinsmäßige Negierung eines anderen Seins« (BP, 33) bedeuten, wogegen es um die »seinsmäßige Behauptung der eigenen Existenzform« (BP, 50) geht.

Daraus entwickelt Schmitt den Begriff vom Staat als politische Einheit eines Volkes und leitet weitere Konsequenzen ab. Es sind dies die Voraussetzungen für den »positiven« Verfassungsbegriff der *Verfassungslehre*, die Verfassung als eine positive »Gesamtentscheidung über Art und Form der politischen Einheit« (VL, § 3) auszulegen. Die Summe aller Verfassungsentscheidungen nennt Schmitt »Substanz« der Verfassung. Von dieser Substanz unterscheidet er die einzelnen Verfassungsnormen, fordert eine Interpretation der einzelnen Verfassungsgesetze im Sinne der Gesamtentscheidung und rechtfertigt eine Relativierung der Rechtsgeltung einzelner Normen gegenüber der Gesamtentscheidung. Diese verfassungstheoretische Unterscheidung zwischen der Substanz der Verfassung und der Geltung der einzelnen positiven Gesetze ist sein verfassungspolitischer Ansatz zur Affirmation und Kritik. Er ermöglicht gleichermaßen eine Verteidigung wie eine Relativierung des Verfassungsrechts gegenüber dem hermeneutischen Konstrukt einer politischen Grundentscheidung und Substanz.

Ernst-Wolfgang Böckenförde, dessen besondere Bedeutung für die bundesdeutsche Schmitt-Rezeption später erörtert wird, entschärft diesen Verfassungsbegriff ausgehend von einer etatistischen Auffassung der Souveränitätslehre. Es ist aber nicht Schmitts »Prämisse, daß der Staat der Verfassung vorausliegt«[42]. Wenn die politische Form des Staates problematisch wird, wie in Weimar, muss die Nation aus ihrem politischen Existenzwillen und ihrer Verfassung heraus Staat machen. *Der Begriff des Politischen* sucht die souveräne Entscheidung deshalb von der Freund-Feind-Unterscheidung her zu gewinnen, und gerade in diesem Aufruf zur politischen Unterscheidung um der souveränen Verfassungsentscheidung willen liegt der systematische Zusammenhang mit der *Verfassungslehre*. Erst durch die Abgrenzung von anderen Existenzformen sind politische Identitäten und Einheiten bestimmt, und vor der positiven Entscheidung über die Verfassung als grundgesetzliche »Norm der Normen« liegt die »absolute«, politisch existierende »Form der Formen«, die die »Verfassung als Gesamtzustand konkreter Einheit und Ordnung oder als Staatsform« (VL, § 1) auslegt.

Die *Verfassungslehre* geht also von der Formierung der verfassunggebenden Gewalt der Nation aus, die in Weimar jedoch noch vom Idealbegriff (VL, § 4, §§ 12-16) der bürgerlich-rechtsstaatlichen Verfassung geleitet ist. Diesen Idealbegriff expliziert die *Verfassungslehre* in ihrem zweiten Abschnitt. Dabei greift Schmitt die Frage nach den Prinzipien des Parlamentarismus erneut auf und erläutert analoge Prinzipien des bürgerlichen Rechtsstaates: »Die Grundrechte« (§ 14) und »Die Unterscheidung (sog. Teilung) der Gewalten« (§ 15) als »Verteilungs-« und »Organisationsprinzipien« der rechtsstaatlichen Verfassung. Er aktualisiert die Unterscheidung von Liberalismus und Demokratie in seiner Unterscheidung rechtsstaatlicher und politischer Bestandteile der modernen Verfassung und geht dabei im grundlegenden Kapitel, »Bürgerlicher Rechtsstaat und politische Form« (VL, § 16), bis zu der Behauptung, dass die rechtsstaatliche Verfassung eigentlich keine Staatsform sei, sondern nur die politische Idee ihrer konstitutionellen Beschränkung. Diese These liest Schmitt der deutschen Verfassungsgeschichte ab.[43] Verfassungspolitisch ermöglicht sie den Abbau rechtsstaatlicher Beschränkungen zugunsten eines »starken« Exekutivstaates.

Der dritte Abschnitt entwickelt die politischen Bestandteile der modernen Verfassung aus einer Dialektik der Formprinzipien »Identität« und »Repräsentation« innerhalb einer »Lehre von der Demokratie« und einer »Lehre von der Monarchie«. Damit modifiziert die *Verfassungslehre* die seit Aristoteles klassische Staatsformenlehre, die nach der Quantität und Qualität der Herrschaft zwischen Monarchie, Aristokratie und Politie sowie deren Verfallsformen (Tyrannis, Oligarchie und Demokratie) unterscheidet. Schmitt ersetzt das qualitative Kriterium des Gemeinwohls durch den Aspekt der Legitimität und begreift den Parlamentarismus als eine aus Identität und Repräsentation gemischte Verfassung, mit anderen Worten: als eine moderne Form von Aristokratie. Die Darstellung des parlamentarischen

Systems (VL, §§ 23-28) endet mit der »Auflösung des Parlaments« (§ 28) mittels »Auflösungsrecht des Präsidenten«, die Schmitt Weimar im Jahr 1928 voraussagt.

Die *Verfassungslehre* schließt mit einem kurzen vierten Abschnitt über die »Verfassungslehre des Bundes«, der die außen- und innenpolitische Lage bestimmt. In seiner föderalen Verfassung sei Deutschland kein Bund mehr (VL, 389), weil es nur noch ein deutsches Staatsvolk gebe. Deshalb behält es als Mitglied in einem Bund (wie dem Völkerbund) auch seine Souveränität. Im Bund bleibt »die Frage der Souveränität zwischen Bund und Gliedstaaten immer offen« (VL, 373). Es kommt also auf den politischen Willen an, der sich aber parlamentarisch kaum mehr formieren und artikulieren lasse.

Am 17. Oktober 1927 schreibt Schmitt an Smend, er habe »dem Liberalismus die Totenmaske«[44] abnehmen wollen. Was sich dahinter verbirgt, erläutert er bündig in dem kurzen Artikel *Der bürgerliche Rechtsstaat* (SGN, 44-53). Schmitt bezeichnet die Weimarer Republik dort als eine konstitutionelle Demokratie, in der die Staatsform der Demokratie durch die liberale Organisationsform eingeschränkt sei. Überdies sei dem deutschen Reich »ein großer Teil seiner politischen Substanz zurzeit genommen« (SGN, 44). Weimar sei »in erster Linie eine Reparationseinheit« (SGN, 49). Die liberale Organisationsform sei veraltet: Die »Weimarer Verfassung ist in gewissem Sinne etwas Posthumes. Sie verwirklicht Forderungen, Ideale und Programme, die schon 1848 aktuell waren.« (SGN, 44; vgl. VL, 338; SZZR 44) Eine Neugestaltung könne jedoch nicht nach dem sowjetischen Modell, sondern nur durch die Integration des »Proletariats« in die »politische Einheit des deutschen Staatsvolkes« erfolgen. Das erfordere aber – Schmitt sagt nicht warum – den Abbau der liberalen Organisationsform: »Es handelt sich für die Verfassungsentwicklung der nächsten Zeit darum, die Demokratie aus ihrer Verhüllung durch liberale Momente zu retten.« (SGN, 47) Dieses verfassungspolitische Ziel setzt Schmitt sich mit seiner Deutung des Präsidialsystems.

Mit Erscheinen der *Verfassungslehre* wechselt er zum Sommersemester 1928 an die Handels-Hochschule nach Berlin.[45] Für ein kurzes Sommersemester geht er dann 1933 nach Köln und kehrt im Oktober 1933 »aus staatspolitischen Gründen«[46], wie es in der Berufungsbegründung heißt, nach Berlin zurück: diesmal aber an die Friedrich-Wilhelms-Universität (die heutige Humboldt-Universität). Schmitt lehrt also von 1928 bis 1945 mit einer kurzen Unterbrechung im Herzen des Reichs, im Machtzentrum Berlin. In den Krisenjahren der Republik erreicht er den Höhepunkt seiner staatsrechtlichen und verfassungspolitischen Wirksamkeit. Neben zahlreichen Artikeln und Aufsätzen erscheinen eine interessante wissenschaftsgeschichtliche Broschüre zum Weimarer Verfassungsvater Hugo Preuß (*Hugo Preuß. Sein Staatsbegriff und seine Stellung in der deutschen Staatslehre*, 1930) sowie zwei bedeutende Analysen der Verfassungslage: *Der Hüter der Verfassung* (1931) und *Legalität und Legitimität* (1932). Einige seiner damaligen Texte nimmt Schmitt 1958 in seine Sammlung *Verfassungsrechtliche Aufsätze aus den Jahren 1924-1954* auf. Der Untertitel *Materialien zu einer Verfassungslehre* unterstreicht die Kontinuität und Einheit von Schmitts Werk. Diese Sammlung ordnet Aufsätze von 1919 bis 1931 unter »Das Problem des Hüters der Verfassung und der verfassungsrechtlichen Garantien« und kennzeichnet zwischen 1931 und 1933 verfasste Arbeiten, darunter *Legalität und Legitimität*, als eher politische Antworten auf »Ausnahmezustand und Bürgerkriegslage«. Die Krisensicht dringt bis in den Aufbau und Stil dieser Schriften hinein.

Schmitts Befürwortung des Präsidialsystems

Im politisch eher ruhigen als »goldenen« Jahr 1928 war die *Verfassungslehre* ein Abgesang auf den Weimarer Parlamentarismus. 1929 setzte dann die Auflösung der Weimarer Republik ein. Die Arbeitslosenzahlen stiegen sprunghaft und Weimar geriet über alle Belastungen in den Strudel der Weltwirtschaftskrise. An den mit der Massenarbeitslosigkeit verbundenen finanziellen Problemen zerbrach im März 1930 mit der großen Koalition des Reichskanzlers Müller die letzte parlamentarisch getragene Regierung. Insbesondere der damaligen SPD ist der Vorwurf nicht zu ersparen, die Regierungsverantwortung ins Präsidialsystem abgeschoben und sich durch ihren Tolerierungskurs zweideutig zur Regierung verhalten zu haben.[47] Die Septemberwahlen brachten eine Erhöhung des nationalsozialistischen Stimmenanteils von 2,6 auf 18,3 Prozent. Auch die KPD legte zu.

Diesem verschärften ökonomischen und politischen Druck meinte der Reichspräsident Hindenburg nur mit der Praxis der Präsidialkabinette begegnen zu können. Der Reichskanzler, vom Reichspräsidenten ernannt und abhängig (Art. 53 WRV), regierte aufgrund von Artikel 48 der Weimarer Reichsverfassung unter Umgehung des Parlaments, das keiner konstruktiven Mehrheit mehr fähig war, durch Notverordnungen. Der Befugnis des Parlaments, den Rücktritt der Regierung durch ein Misstrauensvotum zu erzwingen (Art. 54 WRV), war durch die Auflösungsbefugnis des Reichspräsidenten der Stachel genommen, da jede Neuwahl Stimmenzuwächse für die NSDAP bedeutet hätte. Dieses Präsidialsystem wurde von der Verfassung durch eine dualistische Konstruktion der Regierungsbildung ermöglicht, da sie – anders als das Bonner Grundgesetz – nicht konsequent eine parlamentarische Kanzlerwahl vorsah. Bei Gründung der Weimarer Republik meinten die Verfassungskonstrukteure, insbesondere Hugo Preuß[48], aber auch Max Weber[49], einen »Parlamentsabsolutismus« fürchten und dem in der Regierungsverantwortung noch unerfahrenen deutschen Parlamentarismus einen starken Reichspräsidenten entgegensetzen zu müssen. Einige Vorzüge der konstitutionellen Monarchie sollten mit dem Gegengewicht eines direkt gewählten, starken Reichspräsidenten ins parlamentarische System hinübergerettet werden. Tatsächlich übernahm 1925, nach Eberts Tod, mit dem alten Junker und Generalfeldmarschall Hindenburg ein Repräsentant des alten Systems diese überlegene Stellung. Man kann hier von einer »konservativen Umgründung der Republik«[50] sprechen.

Wenn Schmitt das Präsidialsystem als Hüter der Verfassung auffasst, so befürwortet er es als »kommissarische Diktatur« zum Zweck der Wiederherstellung und Erhaltung der Weimarer Verfassung. Obwohl der Verfassungsschutz in Weimar nicht annähernd so ausgebaut war wie heute in der Bundesrepublik, sahen andere damals schon die Justiz als Hüter der Verfassung an. Kelsen[51] vertrat diese Auffassung gegen Schmitt. Angesichts der »konkreten Verfassungslage der Gegenwart« plädierte Schmitt aber für den »Reichspräsidenten als Hüter der Verfassung«. Er kennzeichnet die Verfassungslage durch die Auflösung der politischen Einheit durch parteipolitischen Pluralismus, wirtschaftliche Polykratie und bundesstaatlichen Föderalismus. Die staatliche Einheit ist demnach der höchste Wert seines verfassungspolitischen Denkens, wie der Vortrag *Staatsethik und pluralistischer Staat* (PB, 133-146) bestätigt. Zitieren wir Schmitts Stichwörter für die Verfassungslage:

»Das Wort Föderalismus soll hier nur das Neben- und Miteinander einer Mehrheit von Staaten zum Ausdruck bringen, das innerhalb einer bundesstaatlichen Organisation besteht; hier steht eine Pluralität von staatlichen Gebilden auf staatlichem Boden. Pluralismus dagegen bezeichnet eine Mehrheit festorganisierter, durch den Staat, d.h. sowohl durch verschiedene Gebiete des staatlichen Lebens, wie auch durch die territorialen Grenzen der Länder und die autonomen Gebietskörperschaften hindurchgehender, sozialer Machtkomplexe, die sich als solche der staatlichen Willensbildung bemächtigen, ohne aufzuhören, nur soziale (nicht-staatliche) Gebilde zu sein. Die Polykratie endlich ist eine Mehrzahl rechtlich autonomer Träger der öffentlichen Wirtschaft, an deren Selbständigkeit der staatliche Wille seine Grenze findet.« (HdV, 71)

Schmitt kritisiert Polykratie und Föderalismus im *Hüter der Verfassung* nur knapp[52] und führt lediglich die Pluralismuskritik aus. Er beschreibt den »Gestalt- und Strukturwandel des deutschen Parteiwesens« vom liberalen Honoratiorensystem zum Parteienstaat der Gegenwart dabei als einen Abfall von der ursprünglichen Idee parlamentarischer Repräsentation. Er meint, dass die Parteien sich in Weimar mithilfe des Verhältniswahlsystems organisatorisch und ideologisch zu Machtgruppen verfestigten, die ihre Parteiinteressen über das Gemeinwohl stellten. Es komme deshalb nicht mehr zur »Transformation und Umschaltung« vom Parteiwillen zum Staatswillen. Es ist, so Schmitt, aber »der Sinn aller verfassungsmäßigen Institutionen und Methoden einer parlamentarischen Demokratie und gehört insbesondere auch zu dem parlamentarischen System der Weimarer Verfassung, daß ein fortwährender Prozeß des Übergangs und Aufstiegs von egoistischen Interessen und Meinungen auf dem Weg über den Parteiwillen zu einem einheitlichen Staatswillen führt« (HdV, 87). Schmitt spricht von einer »List der Idee oder List der Institution« (HdV, 88), die die pluralen Parteiinteressen durch das Parlament hindurch in einen Gemeinwillen verwandelt und idealisiert. Doch da der moderne Staat zur »Selbstorganisation der Gesellschaft« verkommen sei, angesichts der Selbstpreisgabe des parlamentarischen Gesetzgebungsstaates, konstatiert Schmitt einen Sinnwandel des Parlamentarismus: »So wird das Parlament aus einem Schauplatz einer einheitsbildenden, freien Verhandlung freier Volksvertreter, aus einem Transformator parteiischer Interessen in einen überparteiischen Willen, zu einem Schauplatz pluralistischer Aufteilung der organisierten gesellschaftlichen Mächte.« (HdV, 89)

Wie schon Max Weber[53] diagnostizierte, ergreift die Entwicklung des modernen Staates zum »Betrieb« auch die Parteien, die sich in »soziale oder wirtschaftliche Machtgruppen« (GLP, 11, 28 f.) verwandeln. Im »pluralistischen Parteienstaat« (HdV, 84) sind sie Konkurrenzbetriebe mit Weltanschauungsanspruch, die den Staat ökonomisch ausbeuten und die Nation ideologisch spalten – so etwa lautet Schmitts drastische Diagnose. Bei der Alternative zwischen einer »Mehrzahl totaler Parteien« (VRA, 362 ff.) und dem Weimarer Präsidialsystem optiert er deshalb für den gewählten Reichspräsidenten als Hüter der Staatseinheit und Verfassung. Zweifellos erkennt Schmitt einige wichtige Momente der Lage des »Parteienstaats« von 1931. Angesichts der Unfähigkeit des Weimarer Parlamentarismus, eine staatliche Willensbildung zu konstituieren, erhofft er Abhilfe und Halt nur noch vom Reichspräsidenten in seiner Funktion als Mittelpunkt eines ganzen Systems »neutraler Größen«. Schmitt ist der Auffassung, dass nur noch der Reichspräsident die Autorität besitzt, die staatstragenden Kräfte der alten Ordnung zu binden und der Zersplitterung der staatlichen Einheit Einhalt zu gebieten. Hier denkt er insbesondere an das überkommene Berufsbeamtentum, das vom Reichspräsidenten ernannt ist und ihm loyal dient. Schmitt modifiziert deshalb seine frühere Auslegung der kommissarischen *Diktatur des Reichspräsidenten nach Art. 48 der Reichsverfassung* (D, 215-259) durch eine extensive Auslegung, die das rechtsstaatliche Organisationsprinzip der Gewaltenunterscheidung aufhebt und den Reichspräsidenten in die Nähe eines souveränen Diktators rückt. Dessen Maßnahmebefugnisse verharmlost er, indem er den Reichspräsidenten im Anschluss an Benjamin Constant eine »neutrale Gewalt« (HdV, 132 ff.) nennt, die nur für den Staat selbst Partei ergreife.

Heute ist längst bekannt, dass der alte Beamtenstaat keineswegs so neutral und unpolitisch dem Funktionsmodus der Weimarer Verfassung folgte, wie Schmitt behauptete (VRA, 440-451). Auch Schmitt machte sich darüber vermutlich kaum Illusionen. Er wollte die damalige Ausnahmesituation aber für eine autoritäre Verfassungsreform nutzen und die Unterscheidung von Staat und Gesellschaft um eines starken und autoritären Staates willen wieder herstellen. Die Vergesellschaftung des Staates und Demokratisierung der Gesellschaft nannte er »Die Wendung zum totalen Staat« (PB, 146-157; BP, 24-26) im negativen Sinn einer Überspannung der Staatsaufgaben. Das Präsidialsystem deutete er als den Beginn einer Rückentwicklung der Gesellschaft in Richtung auf einen »positiv« und »qualitativ« totalen Staat. (PB, 185-190; VRA, 359-366; SGN, 71-85)

Mit dem Sturz Brünings endete am 10. Mai 1932 »die erste, gemäßigte, parlamentarisch tolerierte Phase des Präsidialsystems. Es begann eine zweite, autoritäre, offen antiparlamentarische Phase.«[54] Schmitt rechtfertigte das Präsidialsystem in allen seinen Phasen. Dabei erschien ihm die zweite, autoritäre Phase politisch wohl wünschenswerter als die erste. Die ganze Ambivalenz seiner Haltung zeigt seine Schrift *Legalität und Legitimität* (1932). Sie ist ein Gegenstück zur Broschüre *Die geistesgeschichtliche Lage des heutigen Parlamentarismus* von 1923. Beschreibt *Die geistesgeschichtliche Lage* den Prozess der Selbstauflösung der klassischen Prinzipien (Diskussion und Öffentlichkeit), so analysiert *Legalität und Legitimität* die praktischen Konsequenzen des »posthumen« Parlamentarismus für die Lage des Weimarer »Gesetzgebungsstaates«. Die Abhandlung gliedert sich in zwei Hauptteile; der erste behandelt das Legalitätssystem des parlamentarischen Gesetzgebungsstaates, der zweite drei außerordentliche Gesetzgeber der Weimarer Verfassung. Die Zweiteilung folgt der Unterscheidung von Liberalismus und Demokratie. Der Liberalismus realisierte den »bürgerlichen Rechtsstaat« in Deutschland unter der Dominanz des positivistischen Denkens als wertneutralen, parlamentarischen Gesetzgebungsstaat. Schmitt führt aus, dass der liberale Rechtsstaat, positivistisch zum Gesetzgebungsstaat ausgehöhlt, den Verlust seiner relativ-rationalistischen Glaubensgrundlagen und Prinzipien mit tödlichen Inkonsequenzen bezahlt. Dabei gelingen ihm bedeutende Einsichten in die innere Logik des Gesetzgebungsstaates, so insbesondere in das »demokratische Ethos« (E.-W. Böckenförde) des Mehrheitsprinzips, das eine »legale Gesinnung« voraussetzt: die Bereitschaft zum Verzicht auf die »politische Prämie« für den Machtbesitz zugunsten einer Offenhaltung der »gleichen Chance politischer Machtgewinnung« auch für den politischen Gegner. Schmitt warnt 1932 vor der Möglichkeit der »legalen Revolution«, d.h. davor, dass verfassungsfeindliche Parteien auf legalem Weg die Macht erhalten, den politischen Gegner auszusperren und die »Tür der Legalität« hinter sich zu verschließen. Hösle nennt Schmitts Kritik an der Selbstaufhebung einer wertneutralen Verfassung deshalb die systematisch »strenge Widerlegung der staatsrechtlichen Hauptideologie der Weimarer Zeit«[55]. Man hat Schmitt dafür zu einem Vordenker des konstruktiven Misstrauensvotums, gar zum »Vater der Verfassungsväter« erklärt und sein Fortwirken im Staatsrecht der Bundesrepublik betont. Es ist aber äußerst strittig, was er eigentlich als Substanz der Weimarer Verfassung bewahrt wissen wollte.

Im zweiten Teil zeigt *Legalität und Legitimität* jedenfalls auf, dass der Weimarer Gesetzgebungsstaat »den klarsten Selbstmord der Verfassungsgeschichte« (BS, 103) beging, indem er der modernen Demokratisierungstendenz entsprach und Verfassungskompromisse einging. Er habe »drei außerordentliche Gesetzgeber« zugelassen, die bei seiner Auflösung zusammenwirkten: einen ideologisch brauchbaren Grundrechtsteil, rechtliche Möglichkeiten zu Volksentscheid und Volksbegehren, die die plebiszitäre Legitimität in einen Gegensatz zur gesetzgebungsstaatlichen Legalität brachten, sowie präsidiale Maßnahmebefugnisse für den kommenden »Verwaltungsstaat«. Schmitt zeigt also dekonstruktiv auf, dass die Auflösung der Weimarer Republik in der Verfassung, die den Gegensatz von Liberalismus und Demokratie in sich trägt, angelegt ist.

Nachträglich bezeichnete Schmitt seine Schrift als den verzweifelten »Versuch, das Präsidialsystem, die letzte Chance der Weimarer Verfassung, vor einer Jurisprudenz zu retten, die es ablehnte, nach Freund und Feind der Verfassung zu fragen« (VRA, 345; vgl. Gl, 107 ff., 303). Es ist aber strittig, wen Schmitt als Verfassungsfeind betrachtete und welche Verfassung er eigentlich bewahren wollte. Das Ende der Schrift nennt als Vorfrage für jeden »Plan einer Umgestaltung des deutschen Verfassungswesens« eine – im Grunde rhetorische – Entscheidungsalternative:

»Stellt man nun in der Erkenntnis, daß die Weimarer Verfassung *zwei* Verfassungen sind, eine dieser beiden Verfassungen zur Wahl, so muß die Entscheidung für das Prinzip der *zweiten* Verfassung und ihren Versuch einer substanzhaften Ordnung fallen. Der Kern des zweiten Hauptteils der Weimarer Verfassung verdient, von Selbstwidersprüchen und Kompromißmängeln befreit und nach seiner inneren Folgerichtigkeit entwickelt zu werden. Gelingt dies, so ist der Gedanke eines deutschen Verfassungswerkes gerettet. Im anderen Fall ist es mit den Fiktionen eines gegen Wert und Wahrheit neutralen Mehrheitsfunktionalismus bald zu Ende. Dann rächt sich die Wahrheit.« (VRA, 344 f.)

Die Diagnose der Selbstzerstörung des Parlamentarismus ist klar. Unklar bleibt dagegen, was Schmitt als »Kern« des zweiten

Hauptteils der Verfassung versteht, wenn nicht eine Zusammenfügung der außerordentlichen Gesetzgeber in eine einzige und somit neue »demokratische« Verfassung, die sich gegen das »Legalitätssystem des parlamentarischen Gesetzgebungsstaates« zur Geltung bringt. Schmitt gebraucht Schlagwörter wie »deutsches Verfassungswerk« und »substanzhafte Ordnung« und spricht von »Neugestaltung«. Seine These von den »zwei Verfassungen« schließt aus, dass es ihm lediglich darum geht, die *eine* Grundentscheidung und Substanz der Weimarer Verfassung in Erinnerung zu rufen. Eine Wiederherstellung des parlamentarischen Gesetzgebungsstaates hält er im Sommer 1932 für unmöglich. Es geht ihm allenfalls um eine Konzentration auf den »von Selbstwidersprüchen und Kompromißmängeln« befreiten »Kern« des zweiten Hauptteils, in dem ein »demokratisches« Prinzip zur Geltung kommt, das Schmitt in leiser Polemik gegen den (angelsächsischen) Parlamentarismus als »deutsch« bezeichnet.

Durch Ernst Rudolf Hubers eindrucksvollen Erinnerungsbericht über *Carl Schmitt in der Reichskrise der Weimarer Endzeit*[56] rückte Schmitt als Akteur erneut in den Blick der Forschung. Dabei ist umstritten, ob er eher Papen oder Schleicher zugeneigt war. Ergriff er Schleichers Partei, so ging es ihm primär um die Verhinderung einer Machtübernahme verfassungsfeindlicher Parteien.[57] War er eher ein Anhänger Papens, so war das Ziel ein Verfassungsumbau in Richtung auf einen autoritären Ständestaat. Papen gilt dabei als der katholische Fantast, Schleicher als der kalte Machtstratege, der am ehesten noch Hitler hätte verhindern können. Man muss den Gegensatz nicht überbetonen. Schmitt pflegte Kontakte zu beiden Kreisen. Er optierte vor 1933 nicht für Hitler. »Alle hofften, die Krise irgendwie mit den herkömmlichen Mitteln, äußerstenfalls durch zeitweilige Preisgabe des ohnehin angeschlagenen parlamentarischen Systems, bewältigen zu können. Niemand von den Staatsrechtslehrern empfahl die Zerstörung der Republik, wie dies etwa in Kreisen der ›konservativen Revolution‹ oder im Umfeld der NSDAP seit langem zu hören war.«[58] Schmitt ging in seinen Überlegungen zum Verfassungsschutz wohl am weitesten. Theoretisch unterschied er zwischen der Substanz einer Verfassung, der Summe ihrer politischen Grundentscheidungen, und der Geltung einzelner Verfassungsnormen. Damit verfügte er über ein Rüstzeug, die Weimarer Verfassung je nach strategischer Einschätzung grundsätzlich zu verteidigen oder zu verdammen.

Zu Beginn von *Legalität und Legitimität* notiert Schmitt: »Diese Abhandlung lag am 10. Juli 1932 abgeschlossen vor«, d.h. vor dem sog. »Preußenschlag« vom 20. Juli, der nach Hubers Zeugnis für Schmitt geradezu »symbolische Bedeutung« hatte. Die Reichsregierung nahm damals Unruhen in Altona zum Anlass, die geschäftsführende preußische Regierung Otto Brauns durch einen Reichskommissar zu ersetzen und so den Dualismus von Reich und Preußen zugunsten des präsidentiellen Systems zu beseitigen. Schmitt war in die Planung dieser staatsstreichartigen Reichsexekution nicht einbezogen[59], vertrat das Reich aber beim Staatsgerichtshof im anschließenden Prozess »Preußen contra Reich«.[60] Nach Huber ging es dem Reich darum, eine handlungsfähige Exekutive einzusetzen, eine Machtergreifung der Nationalsozialisten in Preußen zu verhindern und jenen Dualismus zu lösen. Die historischen Folgen und »der eigentliche Sinn des Preußenschlages« waren – nach dem Urteil Broszats – jedoch andere: »Das Bollwerk der Republik war geschleift.«[61] In seiner Schlussrede vor dem Staatsgerichtshof rechtfertigt Schmitt die Reichsexekution mit dem Hindenburg-Mythos sowie seiner Konzeption vom Hüter der Verfassung: Die Selbstständigkeit und »Ehre Preußens« (PB, 184) seien bei dem preußischen Junker, Feldmarschall und Reichspräsidenten Hindenburg besser gewahrt als bei einer handlungsunfähigen und zudem sozialdemokratisch geführten Regierung. Auch hier scheint Schmitt also auf die alten Kräfte zu bauen.

Wie Hubers Erinnerungsbericht ausführt, war Schmitt im Herbst 1932 an Staatsnotstandsplanungen Schleichers als juristischer Berater beteiligt. Es ging damals um die Auflösung des Reichstags und einen gesetzeswidrigen Aufschub von Neuwahlen, um bei einem Niedergang des Nationalsozialismus auf eine Entschärfung der obstruktiven Mehrheit von NSDAP und KPD im Reichstag zu hoffen. Viele Historiker beurteilen diese Pläne Schleichers als die letzte gescheiterte Chance der Weimarer Republik. Hindenburg ließ sich für diese Pläne nicht gewinnen, weshalb Schmitt bei Schleicher als Berater zuletzt ausgespielt hatte. Er scheint dennoch im Januar 1933 noch einen letzten Versuch unternommen zu haben, der Schleicher nicht mehr erreichte.[62] Schmitt registrierte die Ernennung Hitlers durch Hindenburg dann mit größter Sorge. Am 27. Januar notierte er in sein Tagebuch: »Der Hindenburg-Mythos ist zu Ende. Scheußlicher Zustand. Schleicher tritt zurück; Papen oder Hitler kommen. Der alte Herr ist verrückt geworden.«[63] Schmitts Mythos vom Reichspräsidenten als Hüter der Verfassung war zerstört. Darin liegt vielleicht die Erklärung für seinen Gesinnungswandel und seine Option für Hitler. Schmitt betonte nachträglich: »Nicht seit dem 30. Januar 1933, sondern erst nach dem Ermächtigungsgesetz vom 24. März 1933 habe ich mir die Frage gestellt, wie ich mich als Staatsrechtslehrer zu der Umwandlung Deutschlands in einen Ein-Partei-Staat stellen soll.« (AN, 84f.) Erst nachdem eine souveräne Entscheidung erfolgt war, schloss Schmitt sich als »Märzgefallener« dem Nationalsozialismus an. Ist ein Mythos zerstört, so tritt ein anderer an seine Stelle. Da Schmitt stets auf die Kraft der Theorie oder des Mythos zu bauen suchte, blieb ihm kein anderer Anwärter als Hitler übrig. Kontinuitäten zur alten Politik erleichterten ihm die Entscheidung. Von der Rechtfertigung des Preußenschlags zur Mitarbeit am Reichsstatthaltergesetz schien der Schritt nicht weit.[64] Mit dem Prozess »Preußen contra Reich« begann deshalb die zweite politische Karriere Schmitts.[65]

4. Rechtfertigung des Dritten Reiches

Das Dritte Reich als Staat

Schmitts Rolle im Nationalsozialismus

Schmitt erkennt sofort die revolutionäre Bedeutung der nationalsozialistischen Machtergreifung[66], stellt sich auf den neuen Rechtsboden, entscheidet sich für Hitler, tritt am 1. Mai 1933 in die NSDAP ein und rechtfertigt die Machtergreifung als eben jene »legale Revolution«, vor der er in *Legalität und Legitimität* gerade noch gewarnt hat. Er wechselt im Herbst 1933 nach seinem Kölner Intermezzo an die Berliner Universität, an der er bis Kriegsende lehrt. Bei der Gleichschaltung der Rechtswissenschaft und Justiz spielt er eine überragende Rolle. Schmitt steht im »Mittelpunkt des Interesses während der Jahre 1933 bis 1936 [...]. Expansiv und machtbewußt besetzte er das Terrain.«[67] Er wirkt am Reichsstatthaltergesetz (1933) zur Gleichschaltung der Länder mit, was ihm – »Staaten vergehen, Staatsräte bestehen« (Gl, 281) – den Titel eines Preußischen Staatsrats einträgt, und übernimmt weitere wichtige Ämter. So wird er Herausgeber der angesehenen *Deutschen Juristen-Zeitung* (1934-36) und der einflussreichen Schriftenreihe *Der deutsche Staat der Gegenwart*. Er wird Mitglied der Hochschulkommission beim Stellvertreter des Führers, die für Berufungsfragen zuständig ist, Mitglied der Akademie für Deutsches Recht sowie Leiter der Reichsfachgruppe Hochschullehrer des Bundes Nationalsozialistischer Deutscher

Juristen (BNSDJ). Nach 1936 wendet er sich verstärkt völkerrechtlichen Fragen zu. Noch bis 1941 kommentiert er das Kriegsgeschehen apologetisch. Die Schrift *Land und Meer. Eine weltgeschichtliche Betrachtung* (1942) markiert dann zunehmende Distanz.

Schmitt verglich seine Rolle im Nachhinein mit der literarischen Figur des »Benito Cereno« (ECS, 12, 51, 53; EJCS, 129), des Kapitäns eines Piratenschiffs, der sich am Ende als Geisel seiner Besatzung entpuppt. Er nannte sich einen »christlichen Epimetheus« (wörtl.: der Nachherüberlegende)[68], der aufs falsche Schiff geraten war und nur dem Publikum als ein führender Kopf des Nationalsozialismus erschien. Diese Mystifikationen haben einen richtigen Kern. Als »Märzgefallener« von 1933 war Schmitt trotz aller Gunstbezeugungen verdächtig, ein Opportunist und Karrierist zu sein. Er übernahm eine Vorreiterrolle, die für den Nationalsozialismus die wichtige Funktion erfüllte, dass Schmitt seine Autorität für die Gleichschaltung der Rechtswissenschaft und Justiz einsetzte. Dabei gab er jedoch weder eine juristische Analyse des Nationalsozialismus, die seinen Schriften *Der Hüter der Verfassung*, *Legalität und Legitimität* oder Ernst Rudolf Hubers *Verfassung* (1937) vergleichbar wäre, noch eine auch nur einigermaßen ausgeführte völkische Staatsanschauung, womöglich auf rassistischer Grundlage. Ideologisch haben Otto Koellreutter, Reinhard Höhn, Werner Best und andere den Nationalsozialismus besser bedient – zu einem Zeitpunkt jedoch, als es weniger darauf ankam.[69] Insgesamt kam es im Nationalsozialismus zu einem Bedeutungsverlust der Staatsrechtswissenschaft. »Der unberechenbare dynamische Führerstaat hatte die Verfassungsfrage an sich gerissen, die Verfassung selbst entwertet und einer ›Verfassungslehre‹, die eine gewisse Konsistenz des Gegenstandes benötigte, den Gegenstand entzogen.«[70]

Bis Kriegsende veröffentlichte Schmitt etwa zehn selbstständige Schriften sowie Dutzende, meist für Tag und Stunde hingeworfene Vorträge, Aufsätze und Artikel, die sich nach Form, Funktion und Adressat unterscheiden lassen. Neben dem Kommentar zum Reichsstatthaltergesetz skizzierte er in der ersten Phase der »Formierung« (N. Frei)[71] bis 1934 seine Sinndeutung des Nationalsozialismus in knappen Broschüren zum Staatsgefüge und zum Rechtsdenken, zur Vorgeschichte und völkerrechtlichen Stellung: *Staat, Bewegung, Volk. Die Dreigliederung der politischen Einheit* (1933); *Über die drei Arten des rechtswissenschaftlichen Denkens* (1934); *Staatsgefüge und Zusammenbruch des zweiten Reiches. Der Sieg des Bürgers über den Soldaten* (1934) sowie *Nationalsozialismus und Völkerrecht* (1934). Diese mehrfach variierten, holzschnittartigen Sinndeutungen richteten sich nicht zuletzt an die nationalsozialistischen Machthaber. Andere Aufsätze dienten eher der historischen Standortbestimmung sowie der ideenpolitischen Selbstbehauptung und Abgrenzung des neuen Systems gegenüber dem liberalen, »römischen« und »jüdischen« Geist des überkommenen Rechts und richteten sich an die Fachwissenschaft. Sie beanspruchten beispielsweise den Titel des »deutschen« Rechtsstaats[72] und den Namen des »guten Rechts« für den Nationalsozialismus. Eine Reihe knapper, direktiver Artikel diente mehr der Gleichschaltung der Justiz, die Schmitt auch organisatorisch betrieb. Wieder andere Artikel kommentierten die nationalsozialistische Verfassungsentwicklung und Politik und dokumentierten in der Phase der »Konsolidierung« (N. Frei) Schmitts Zustimmung zum System auch im polemischen Stil.[73] Bernd Rüthers[74] hebt insbesondere die Artikel *Der Führer schützt das Recht* (PB, 199-203) sowie *Die deutsche Rechtswissenschaft im Kampf gegen den jüdischen Geist* (DJZ 41 (1936), 1193-1199) als Beispiele für Schmitts Perversion der überlieferten Rechtsbegriffe hervor. Daneben wäre etwa ein weniger beachteter Artikel von 1935 zu nennen, der die Nürnberger Rassegesetze als *Die Verfassung der Freiheit* (DJZ 40 (1935),

1133-1135) feiert. 1936 hat Schmitt seine Rolle erfüllt und kann im letzten Heft der dann eingestellten *Deutschen Juristen-Zeitung* zufrieden feststellen: »In dem großen weltanschaulichen Kampf um die Durchsetzung nationalsozialistischen Gedankenguts sind wir nicht zurückgeblieben.« (DJZ 41 (1936), 1454)

War der Nationalsozialismus aber nicht eine »Revolution des Nihilismus« (H. Rauschning, 1938), ein Unstaat und »Behemoth« (F. Neumann, 1942)? Kommt nicht schon die Behauptung, dass er überhaupt eine politische Form habe, einer Sinngebung des Sinnlosen gleich? Ist Schmitts bis 1941 aufrechterhaltene Behauptung, dass das Dritte Reich ein Staatsgefüge und eine politische Einheit sei, die einer genuin »deutschen« Art des rechtswissenschaftlichen Denkens entspricht, nicht an sich ungeheuerlich? Schmitts Sinndeutungen gehören in eine Reihe vergleichbarer Schriften, von denen Heideggers Rektoratsrede nur das bekannteste Beispiel ist. Zahlreiche Professoren und solche, die es werden wollten, empfahlen sich dem neuen System. Um Schmitts Kollaboration genauer zu fassen, muss man verschiedene Argumentationsschichten seiner Schriften unterscheiden. Man muss zwischen Anklängen an die NS-Phraseologie, bloßer Verschärfung und Radikalisierung der alten Polemik, zwischen Erkenntnis und Affirmation des neuen Systems und Einblendung der eigenen Positionen und Begriffe differenzieren. Nur so lässt sich Schmitts Rolle im Dritten Reich einigermaßen beurteilen.

Eine Art »nationalsozialistisches Rechtsdenken«

Die Schrift *Über die drei Arten des rechtswissenschaftlichen Denkens* reklamiert ein »institutionelles« »konkretes Ordnungs- und Gestaltungsdenken« (DARD, 48), das den in der *Politischen Theologie* beschriebenen Methodenstreit zwischen Normativismus und Dezisionismus in sich aufheben soll.[75] Durch eine wissenschaftsgeschichtliche Skizze grenzt die Broschüre das nationalsozialistische Rechtsdenken von der Tradition ab und identifiziert es mit dem »germanischen« und »deutschen« Rechtsdenken überhaupt. Die Schrift gliedert sich in zwei Teile, die die juristischen Denkarten systematisch unterscheiden und dann in die rechtsgeschichtliche Gesamtentwicklung einordnen. Der historische Gegner ist der juristische Positivismus des 19. Jahrhunderts, den Schmitt als eine »Verbindung von Entscheidungs- und Gesetzesdenken« kennzeichnet. Er führt den Begriff des »konkreten Ordnungsdenkens« aber systematisch als Gegenbegriff zum »Regel- und Gesetzesdenken« des Normativismus ein, das er antisemitisch codiert. (Vgl. DARD, 9, 13) Systematisch setze jede geltende Norm eine bestehende Ordnung voraus. Nur innerhalb einer bestehenden Rechtsordnung sei eine Norm gültig und sinnvoll: »Die Norm schafft nicht die Ordnung; sie hat vielmehr nur auf dem Boden und im Rahmen einer gegebenen Ordnung eine gewisse regulierende Funktion mit einem relativ kleinen Maß in sich selbständigen, von der Lage der Sache unabhängigen Geltens.« (DARD, 11) Damit ist die Geltung des überkommenen positiven Rechts auf ein abhängiges, »relativ kleines Maß« reduziert.

In der Schrift *Über die drei Arten* spricht Schmitt vom »Nomos« (DARD, 12 ff.) als Inbegriff des »Rechts«, »das sowohl Norm, wie Entscheidung, wie vor allem Ordnung ist« (DARD, 13), und führt damit das Grundwort des Spätwerks ein. Er greift hier ein Schlüsselwort der zeitgenössischen »Volksnomostheologie« auf, einer deutlich antisemitischen publizistischen Bewegung protestantischer Theologie, die den »deutschen Christen« und dem Nationalsozialismus nahe stand.[76] Für seinen Nomos-Begriff verweist er aber auch auf Pindar und Hölderlin (vgl. NE, 42) und erneuert damit das neuhumanistische Theorem von der Wahlverwandtschaft des deutschen »Geistes« mit dem Griechentum und von der besonderen Verantwortung für das »Abendland«. Schmitt schließt am 3. Oktober 1933 sein Referat auf der vierten Reichstagung des Bundes Nationalsozialistischer Deutscher Juristen mit zwei für sich sprechenden Namen: »Adolf Hitler, den Führer des deutschen Volkes, dessen Wille heute der nomos des deutschen Volkes ist, und Hans Frank, den Führer unserer Rechtsfront, den Vorkämpfer für unser gutes deutsches Recht, das Vorbild eines nationalsozialistischen deutschen Juristen. Heil!«[77] Von Pindar über Hölderlin zu Hitler – was für eine Linie! Das Wort vom Willen Hitlers als Nomos des deutschen Volkes ähnelt übrigens jener Formel, die Heidegger in seinem Aufruf an die deutschen Studenten vier Wochen später prägte: »Der Führer selbst und allein *ist* die heutige und künftige deutsche Wirklichkeit und ihr Gesetz.«[78] Man bemühte sich in den nächsten Jahren zwar um eine juristische Präzisierung des »Führerwillens«, doch blieb dies gegenüber der tyrannischen Willkür Hitlers folgenlos. »In Wahrheit war mit der Propagierung der Entrückung der Führungsakte in eine unangreifbare Sphäre schon das Recht aufgegeben.«[79]

Schmitt beruft sich für seine These vom Vorrang der Ordnung vor der Norm und Entscheidung insbesondere auf Hegel sowie auf den französischen Theoretiker Maurice Hauriou. (DARD, 45 ff.) Als Beispiele für »konkrete Ordnungen« nennt er das »Zusammenleben der Ehegatten in einer Ehe, der Familienmitglieder in einer Familie, der Sippengenossen in einem Sippenverband, der Standesgenossen in einem Stand, der Beamten eines Staates, der Geistlichen einer Kirche, der Kameraden eines Arbeitslagers, der Soldaten eines Heeres« (DARD, 17). Man kann diese Auflistung als einen Versuch lesen, diese Institutionen vor dem Zugriff des »Führerwillens« zu schützen und »institutionelle Garantien« zu fordern. Deutlich ist aber auch, dass Schmitt einen normativen Vorrang der institutionalisierten Sittlichkeit vor den sozialen Rollen des Individuums behauptet und damit dem Abbau der rechtsstaatlichen Garantien das Wort redet.

Der zweite Teil von *Über die drei Arten* ordnet die systematische Bestimmung in die rechtsgeschichtliche Gesamtentwicklung ein. Er grenzt das »konkrete Ordnungs- und Gestaltungsdenken« dabei einerseits von der Entwicklung in England und Frankreich ab und skizziert andererseits die Gefährdung dieses angeblich genuin »germanischen« und »deutschen« Denkens durch einen Verfall der Rechtswissenschaft nach Hegel. Die Schrift *Staatsgefüge und Zusammenbruch des zweiten Reiches* beschreibt diese Linie als Sieg des Bürgers über den Soldaten. Ein preußisch-militaristisch getönter Nationalismus scheint demnach die Perspektive zu bestimmen. Nach Schmitts Darstellung überlebte das konkrete Ordnungsdenken »in der Praxis der staatlichen Verwaltung und insbesondere des preußischen Heeres« (DARD, 42; SBV, 28). Dort blieb der »Führergedanke« gewahrt, bis er im Nationalsozialismus wieder belebt wurde – so skizziert Schmitt die Entwicklungslinie in apologetischer Absicht.

Die Stoßrichtung geht gegen den juristischen Positivismus und dessen Auffassung des Rechtssystems. (Vgl. DARD, 48 ff.) Weniger eindeutig ist, ob Schmitt die politische Gestaltung auf gegebene Ordnungen verpflichten will und somit dem Führer Zwecke setzt, ob sein Ordnungsdenken überhaupt konkret ist im Sinne eines Versuchs, bestimmte Ordnungen von der nationalsozialistischen Zerstörung der positiven Rechtsordnung auszunehmen.

Am Schluss von *Über die drei Arten* fällt der wissenschaftsgeschichtliche Aufwand als nebensächlich dahin. Das Konzept vom Exekutiv- und Maßnahmestaat kehrt in modifizierter Formulierung wieder, wenn es heißt: »Der Staat als besondere Ordnungsreihe innerhalb der politischen Einheit hat nicht mehr das Monopol des Politischen, sondern ist nur ein Organ des Führers der Bewegung. Einer derartig aufgebauten politischen Einheit ist das bisherige dezisionistische oder normativistische oder das beide kombinierende positivistische Rechtsdenken nicht mehr adäquat. Jetzt bedarf es eines konkreten Ordnungs- und Gestaltungsdenkens, das den zahlreichen neuen Aufgaben der staatlichen, völkischen, wirtschaftlichen und weltanschaulichen Lagen und den neuen Gemeinschaftsformen gewachsen ist.« (DARD, 55)

Tatsächlich wird diese Ordnung vom Führer diktiert: »Gesetz ist Plan und Wille des Führers«[80], lautet nach 1933 die Formel. Schmitt definiert das Recht dann ab 1940 als eine »Einheit« und einen »Zusammenhang von Ordnung und Ortung« (SGN, 320; NE 13 ff.; TP, 72), wobei er den Ordnungsaspekt des Rechts mit der Führerdezision im militärtechnischen Ausdruck »Ortung« verbindet. Schmitts Nationalsozialismus kommt dabei schon darin zum Ausdruck, dass er die diskriminierenden, ganze Personengruppen entrechtenden Folgen seines »deutschen« Ordnungsdenkens gerade gegenüber dem »jüdischen Gesetzesdenken« erörtert.

Seit der posthumen Veröffentlichung des Nachkriegstagebuchs *Glossarium* wird Schmitts Antisemitismus verstärkt diskutiert. Die hermeneutische Leidenschaft führt dabei gelegentlich zu Überzeichnungen. Der Antisemitismus wird dann zu einer Grundprägung erklärt, die Schmitt in verdeckter Weise über das ganze Werk hinweg kontinuierlich verfochten habe. Doch man sollte den demagogischen Stil hier nicht umkehren: Identifiziert Schmitt missliebige Positionen und Begriffe bisweilen willkürlich als »Masken« des »jüdischen Geistes«, so ist sein Antisemitismus doch nicht jederzeit philologisch greifbar. Buchstäblich ist er nur in der nationalsozialistischen Zeit eindeutig feststellbar. Vor 1933 finden sich dagegen keine offen antisemitischen Einlassungen. Das heißt nicht, dass Schmitt nicht früher schon antisemitisch gedacht hätte. Dafür gibt es einige Indizien, die Raphael Gross gesammelt und in die Geschichte des neueren Antisemitismus eingeordnet hat. Das wichtigste Indiz ist die Kontinuität der Ablehnung des Rechtspositivismus und Normativismus und deren Zuspitzung zur persönlichen Feindschaft gegen Hans Kelsen. Schmitt interpretiert Kelsens analytische Rechtstheorie verstärkt als politisch-theologische Kampfposition des »jüdischen Geistes«. Das ist für seinen Antisemitismus insgesamt typisch: Schmitt geht von wissenschaftsgeschichtlichen Untersuchungen aus und verbindet seine Antipositionen dann mit »jüdischen« Antipoden. Er entdeckt »jüdische« Autoren hinter den Positionen und Begriffen, die er ablehnt.[81] Es gibt also eine Entwicklung des Antisemitismus, die jedoch nicht durch überzogene Kontinuitätsthesen zugedeckt werden sollte.

1936 tritt Schmitt offen als Antisemit auf. Im Oktober veranstaltet er in Berlin eine Tagung der Reichsgruppe Hochschullehrer des NSRB zum Thema »Das Judentum in der Rechtswissenschaft«. Schmitt hält die Eröffnungsrede und fasst die Ergebnisse in einem längeren Schlusswort zusammen. Darin heißt es u.a.:

»Durch alle Referate hindurch zog sich die Erkenntnis, wie stark das jüdische Gesetzesdenken auf sämtlichen Gebieten des Rechtslebens zur Herrschaft gelangte und wie wenig dieses Gesetzesdenken mit dem Rechts- und Gesetzesgefühl des deutschen Menschen auch nur vergleichsweise in Beziehung gebracht werden kann. Das jüdische Gesetz erscheint, wie alle Vorträge gezeigt haben, als die Erlösung aus einem Chaos. *Die merkwürdige Polarität von jüdischem Chaos und jüdischer Gesetzlichkeit, von anarchistischem Nihilismus und positivistischem Normativismus, von grob sensualistischem Materialismus und abstraktestem Moralismus steht jetzt so klar und plastisch vor unseren Augen, daß wir diese Tatsache als eine wissenschaftliche, auch für die Rassenseelenkunde entscheidende Erkenntnis unserer Tagung der weiteren rechtswissenschaftlichen Arbeit zugrunde legen können.*«[82]

Schmitt erörtert anschließend eine »Reihe von praktischen Fragen«. Er fordert eine Bibliographie jüdischer Autoren, eine »Säuberung der Bibliotheken« und die Stigmatisierung jüdischer Autoren bei Zitaten: »Ein jüdischer Autor hat für uns keine Autorität, auch keine ›rein wissenschaftliche Autorität‹. Diese Feststellung ist der Ausgangspunkt für die Behandlung der Zitatfrage. Ein jüdischer Autor ist für uns, wenn er überhaupt zitiert wird, ein jüdischer Autor. Die Beifügung des Wortes und der Bezeichnung ›jüdisch‹ ist keine Äußerlichkeit, sondern etwas Wesentliches.«[83]

Die »Beziehung des jüdischen Denkens zum deutschen Geist« charakterisiert Schmitt wie folgt: »Der Jude hat zu unserer geistigen Arbeit eine *parasitäre*, eine *taktische* und eine *händlerische* Beziehung.«[84] Das Hauptproblem seien die »Maskenwechsel« und historischen Einstellungswechsel und »Wendepunkte jüdischen Verhaltens«. Unter Berufung auf Hitler erörtert Schmitt zuletzt die »deutsche Seite dieser Frage«: »Uns beschäftigt der Jude nicht seiner selbst willen. Was wir suchen und worum wir kämpfen, ist unsere unverfälschte eigene Art, die unversehrte Reinheit unseres deutschen Volkes. ›Indem ich mich des Juden erwehre‹, sagt unser Führer *Adolf Hitler*, ›kämpfe ich für das Werk des Herrn‹.«[85]

Weil sich dieses furiose Schlusswort auch christlich deuten lässt, spricht mancher lieber von »Antijudaismus« denn von Antisemitismus. Als »Antijudaismus« bezeichnet man dabei eine eher theologisch motivierte Gegnerschaft, wogegen der Antisemitismus die rassistisch-biologistische Position des Nationalsozialismus meint. Die Unterscheidung dient also der Markierung einer ideologischen Distanz. Gewiss resultierte der Holocaust nicht zuletzt aus einer ideologischen Radikalisierung[86], die sich im älteren christlichen Antijudaismus nicht in gleicher Weise findet. Dennoch sind die Grenzen fließend. Eine eingehendere theologische Reflexion seines Antisemitismus findet sich bei Schmitt nirgends. Überhaupt führt Schmitt sein Theorem von der existenziellen religiösen Prägung des Rechtsdenkens nicht konsequent durch. Das verunmöglicht ihm schon seine These von den »Maskenwechseln« des »jüdischen Geistes«, die zur hermeneutischen Beliebigkeit führt. Immerhin exemplifiziert das Hobbes-Buch von 1938 aber, was Schmitt auf der Tagung von 1936 für die »Frage der Dissertationen« akademisch begeistert feststellt: Der Einfluss des »jüdischen Geistes« ist ihm ein neues rechts- und verfassungsgeschichtliches Thema, das bearbeitet gehört. Ein erster Ertrag ist das Hobbes-Buch; es codiert die Verfallsgeschichte des Einflusses des Liberalismus antisemitisch. Schmitts laute wissenschaftspolitische Forderung nach einem »Kampf gegen den jüdischen Geist« in der »deutschen« Rechtswissenschaft ist also praktisch eminent folgenreich. Schon durch seine antisemitische Fassung der Forderung nach einem Abbau des »positivistischen Normativismus« ist Schmitt dem Nationalsozialismus eng verbunden. Denn der Antisemitismus ist *die* ideologische Kernposition des Nationalsozialismus. Doch auch im Staatsdenken affirmiert Schmitt den Nationalsozialismus deutlich.

Sinndeutung des NS-Staatsgefüges

Programmatisch übernimmt *Staat, Bewegung, Volk. Die Dreigliederung der politischen Einheit* (1933) eine Sinndeutung des Nationalsozialismus. Diese wichtige Broschüre betont zunächst den revolutionären Charakter der »Verfassungslage« von 1933 (»Die Weimarer Verfassung gilt nicht mehr«) und behauptet dann, dass die Dreigliederung der politischen Einheit im Dreiklang von Staat, Bewegung, Volk die »zweiteilige Staatskonstruktion der Liberaldemokratie und des deutschen Beamtenstaats« überwunden habe. Die Vorgeschichte dieser Entwicklung skizziert die

Schrift *Staatsgefüge und Zusammenbruch des zweiten Reiches. Der Sieg des Bürgers über den Soldaten* (1934)[87] im Ton noch verschärft. Laut Schmitt fügen sich die »Ordnungsreihen« Staat, Bewegung und Volk durch »Führertum und Artgleichheit als Grundbegriffe des nationalsozialistischen Rechts« zur politischen Einheit zusammen. Nach der früheren Terminologie entspricht dem Führertum das Formprinzip der Repräsentation. Das will Schmitt nun mithilfe des Grundbegriffs der Artgleichheit auf eine völkisch verstandene Legitimitätsbasis stellen. Dafür muss er aber die religiösen Implikationen des alten Begriffs tilgen. Deshalb distanziert er in *Staat, Bewegung, Volk* das Führertum von der Repräsentation der römisch-katholischen Kirche. Das katholische Bild vom Hirten, der seiner »Herde absolut transzendent bleibt« (SBV, 41), entspreche dem Führertum ebenso wenig wie barocke »Allegorien und Repräsentationen«. Überhaupt versage jedes Bild für die irrationale Beziehung zwischen »Führer und Gefolgschaft«. Führertum sei ein »Begriff unmittelbarer Gegenwart und realer Präsenz«, der eigentlich nicht begriffen, sondern nur erlebt werden könne. Der Text *Staat, Bewegung, Volk* konzipiert den Nationalsozialismus als einen geeinten – qualitativ »totalen« – Führerstaat auf der Basis von »Artgleichheit«. In der Dreigliederung lässt »sich der Staat im engeren Sinne als der politisch-statische Teil, die Bewegung als das politisch-dynamische Element und das Volk als die im Schutz und Schatten der politischen Entscheidungen wachsende unpolitische Seite betrachten« (SBV, 12). Die (nationalsozialistische) Bewegung rückt hier an die Stelle, die nach der Terminologie der *Verfassungslehre* der Nation als dem politischen Volk zugewiesen war.

Man hat eine leise Distanzierung von der totalitären Bewegung herauslesen wollen, obwohl Schmitt sich alle Mühe gibt, den Totalitätsanspruch der Bewegung ins Recht zu setzen und

Staat und Volk in die Bewegung zu zwingen. Das politisch »neutrale« Präsidialsystem erscheint jetzt als defizitär: Der Reichspräsident war nur »Ersatz für eine politische Führung« (SBV, 10, 31). *Staat, Bewegung, Volk* legt das Politikmonopol eindeutig auf den Nationalsozialismus fest: »Der Staat im Sinn des staatlichen Beamten- und Behördentums verliert das Monopol des Politischen, das er sich im 17. und 18. Jahrhundert geschaffen hatte. Er wird als ein bloßer Teil der politischen Einheit, und zwar als ein auf die staatstragende Organisation angewiesener Teil erkannt [...]. Heute kann das Politische nicht mehr vom Staat, sondern muß der Staat vom Politischen her bestimmt werden.« (SBV, 15)

Diese Formulierungen sind für Schmitts Verhältnis zum Nationalsozialismus typisch. Sachlich könnten sie schon im *Begriff des Politischen* stehen und für jede politische Bewegung gelten. Nüchtern betrachtet, sind gerade die theoretischen Schlüsselformulierungen wenig skandalös. Schmitt bezieht sie aber auf die Politik des Nationalsozialismus. Er erkennt nicht nur dessen politischen Erfolg an, sondern rechtfertigt ihn auch emphatisch. Weil Macht und Recht in seiner Souveränitätslehre als Rechtslehre koinzidieren, erhält das Kontingente, der Erfolg des Nationalsozialismus, den Nimbus unbedingten Rechts. Dabei lässt Schmitt das Verhältnis der Bewegung zum Staat vorsichtig offen. Die Übergabe des Staates an eine revolutionäre Bewegung scheint im krassen Widerspruch zu seiner früheren Verteidigung der »neutralen Größe« des Staates gegenüber dem pluralistischen »Parteienstaat« zu stehen. Schmitt scheint auf einmal das äußerste Schreckensbild seiner Pluralismuskritik zu rechtfertigen: die totale Parteienherrschaft. Während er früher gegen die gewählten Parteien der Weimarer Republik als Mittler zwischen Volk und Staat polemisierte, begrüßt er plötzlich den totalitären Einparteienstaat. Im Unterschied zu seiner Parteienkritik feiert er die Bewegung nun aber als Mittler »demokratisch« gesteigerter Identität und »Artgleichheit«, wobei er mit dem »Führertum« den »persönlichen« Charakter dieser Herrschaft betont. Mit den Grundbegriffen »Führertum« und »Artgleichheit« billigt Schmitt die persönliche und totale Herrschaft. Er ist sich dabei, anders als ungezählte Pathetiker des »nationalen Aufbruchs«, darüber im Klaren, dass die »Volksgemeinschaft« durch die politischen Entscheidungen und Feindschaften des Führers erzwungen wird. Deshalb bejaht er in *Staat, Bewegung, Volk* die »Vernichtung des Staats- und Volksfeindes, der kommunistischen Partei« (SBV, 5, 31 ff.) – notabene: der Partei und nicht ihrer Mitglieder – und endet mit der Feststellung, dass »alle Fragen und Antworten« ins »Erfordernis einer Artgleichheit« (SBV, 46) münden.

»Fall« und Revision

Praktisch führten das persönliche Regiment Hitlers und das emphatisch propagierte Führerprinzip nicht zu einer Konzentration der Entscheidungskompetenzen und Verantwortlichkeiten, sondern zum Machtkampf und Intrigenspiel in einer »Polykratie der Paladine« (H. Boldt). Der Nationalsozialismus brachte statt der erwünschten Rückkehr zur staatlichen Einheit und Ordnung vielmehr eine katastrophale Desintegration des Systems. Er ähnelte eher dem Zerrbild der Weimarer Parteienstaatskritik, das nicht nur Schmitt entwarf. Im Bauch des Leviathans ging es wie in einem Haifischbecken zu. Pfründe waren zu verteilen, für deren Erlangung sich die Bewerber gegenseitig ideologisch munitionierten und abschossen. Schmitt war kein langgedienter Parteigenosse. Sein steiler Aufstieg im Nationalsozialismus und sein Einfluss auf das Fach missfielen manchem. Schmitt selbst wie auch einige seiner Schüler, so Ernst Rudolf

Huber und Ernst Forsthoff, besetzten einflussreiche Lehrstühle und Machtpositionen im Fach. Andere Schüler allerdings, etwa Otto Kirchheimer und Franz Neumann, mussten emigrieren[88] und nutzten Theoriemodelle Schmitts zur Kritik des nationalsozialistischen Doppelstaates (E. Fraenkel) und des Behemoths (F. Neumann). Wieder andere, darunter der spätere Bundesverfassungsrichter Ernst Friesenhahn, brachen mit Schmitt. Selbst Huber und Forsthoff gingen auf persönliche und sachliche Distanz. Schmitt hatte Neider und Feinde. Er schuf sie sich durch seine ideologischen und machtstrategischen Ziele ebenso wie durch sein Auftreten und seinen konfrontativen politisch-polemischen Stil. Er spielte seine Macht aus und scheute dabei selbst vor Intrigen und Denunziationen nicht zurück. So wundert es nicht, dass er ein Opfer des eigenen Ehrgeizes wurde.

Lange wurde Schmitts Sturz 1936/37, der Verlust seiner Ämter und Funktionen bei Erhalt des Lehrstuhls und des schützenden Titels des »Staatsrats«, mit ideologischen Differenzen erklärt. Man nahm die Einwände, die die SS in einer Akte sammelte, für die sachlichen Gründe. Zweifellos stand Schmitts katholisch geprägtes juristisches Denken in einem prinzipiellen Gegensatz zu der biologistisch-rassistischen Ideologie, die man landläufig für Hitlers Weltanschauung hält und als Generalschlüssel für die Politik des »Führerstaats« versteht. Eine solche »intentionalistische« Auffassung ist aber zu einfach und vermag die Rolle ideologischer Gegensätze im Machtkampf um Führungspositionen nicht angemessen zu beschreiben. Der Nationalsozialismus übersetzte keine geschlossene Weltanschauung in die Praxis. Erst vom Holocaust her erscheint die NS-Politik so, »*als ob* sie von Anfang an programmatisch angelegt gewesen wäre«[89]. Schon innerhalb der NS-Führungsspitze gab es erhebliche Differenzen bis hin zur zynischen Indifferenz gegenüber der Parteiideologie. Erst recht gab es solche innerhalb der alten Funktionseliten, die der Nationalsozialismus für sich vereinnahmte und gewann. Ideologische Kernpositionen, wie der Antisemitismus und die Lebensraumpolitik, waren allgemeine Nenner, die keine bestimmte Politik vorschrieben.

Die Wissenschaft hatte nur eine begrenzte Legitimierungsfunktion. Der Nationalsozialismus glaubte selbst kaum an die Möglichkeit einer wissenschaftlichen Begründung für seine weltanschaulichen Kernpositionen. Das juristische Denken konnte die NS-Ideologie nur begrenzt aufnehmen, ohne sich selbst zu zerstören. Jenseits bestimmter Gleichschaltungsvorgaben gab es Freiräume. So waren die ideologischen Auseinandersetzungen innerhalb der Rechtswissenschaft auch die Spielwiese persönlicher Karriereziele. Viele Vertreter des Fachs beteiligten sich an ihnen so wenig wie möglich, andere bedienten sich ihrer bloß. Zwischen ideologischem Engagement und bloßem Machtkalkül lässt sich oft kaum unterscheiden. In Schmitts Plänen mischten sich Karriereehrgeiz, politischer Zähmungswille und ideologische Zustimmung. Zweifellos vertrat er auch eigene Ziele. Seine damaligen Positionen und Begriffe waren die positive Antwort auf seine frühere Dekonstruktion des positiven Rechtsdenkens.

Schmitts »Fall« wurde von Andreas Koenen[90] eindringlich beschrieben. Seine Arbeit erschließt ein umfangreiches Quellenmaterial mittels einer starken, strittigen These: Koenen will zeigen, dass Schmitt seit seinen frühen Bonner Jahren staatsrechtlich führend einer strategisch operierenden Gruppe christlich-konservativer Wissenschaftler und Publizisten innerhalb der »Sammlungsbewegung« der sog. konservativen Revolution angehörte, die sich um Zeitschriften wie *Das Abendland* und *Der Ring* gruppierte und erst der Weimarer Republik, dann auch dem Nationalsozialismus eine »reichstheologisch«[91] begründete, katholische Konzeption vom »autoritären Staat« unterschieben wollte. Die neuere Literatur zehrt von dieser Quellenarbeit, lehnt die starke These von Schmitts »katholischen« Zielsetzungen aber zumeist ab. Koenens Hinweis auf plurale Machtgruppen und ideologische Differenzen im Nationalsozialismus erlaubt es, die relative Offenheit der Lage 1932/33 erneut zu diskutieren. Die Auffassung des Werks vom politischen Wollen her ist insgesamt wichtig. Dennoch bleibt Schmitt auch bei einer Zurechnung zur konservativen Revolution funktional wie ideologisch ein Nationalsozialist. Koenen kann deshalb die – von Bernd Rüthers[92] knapp skizzierte – These nicht entkräften, dass es Konkurrenzkämpfe innerhalb der »NS-Oligarchie« waren, die Schmitts »Fall« bewirkten.

Das bestätigt eine umfassende universitätsgeschichtliche Untersuchung[93], die sich der gesamten juristischen Fakultät der Berliner Universität im »Umbruch von 1933« widmet. Lösch schildert dort eingehend, wie sich das »Gesicht der Fakultät« wandelte. Schmitt wurde der Fakultät im Juli 1933 vom Ministerium als erster nationalsozialistischer Professor oktroyiert.[94] Seine Anwesenheit schien »aus staatspolitischen Gründen erforderlich«. Er wirkte sogleich beim personellen Revirement mit. Beispielsweise betrieb er die Vertreibung Erich Kaufmanns und unterstützte die Berufung der SS-Juristen Reinhard Höhn (geb. 1904) und Karl August Eckhardt (1901-1979), die ihn später zu Fall brachten.[95] Beide, Höhn wie Eckhardt, waren junge und begabte Machtstrategen und Ideologen von abenteuerlichem Werdegang. Wie Schmitt war Höhn zwar Märzgefallener von 1933; er war aber vor 1933 schon politisch aktiv und stieg dann im Sicherheitsdienst der SS (SD) schnell auf. 1935 wechselte er von Heidelberg nach Berlin, um in der SD-Zentrale in Berlin zu wirken und ein großes Institut für Staatsforschung aufzubauen. Höhn arbeitete eng mit Eckhardt zusammen, der ebenfalls eine außergewöhnliche Begabung war. Schon 1928 wurde er ordentlicher Professor in Kiel und 1930 Schmitts Kollege an der Berliner Handels-Hochschule. 1932 trat er in die NSDAP ein. 1934 wurde er Referent im Kultusministerium. 1935 kam er zum persönlichen Stab Himmlers. Wie Schmitt und Höhn baute er seine Machtposition aus. Als Rechtshistoriker geriet er zwar in eine Fehde mit dem nationalsozialistischen Historiker Walter Frank, die letztlich seinen Abschied von Berlin erzwang. Zuvor aber wirkte er an Schmitts Karriereknick mit. 1935/36 trat Eckhardt mit seiner Ausarbeitung der amtlichen Richtlinien einer neuen juristischen Studienordnung in ein direktes »Konkurrenzverhältnis zu Schmitt«[96]. Die Machtpositionen des Bundes Nationalsozialistischer Deutscher Juristen wurden dann zum »Kampfschauplatz« zwischen den SS-Juristen Eckhardt und Höhn auf der einen und Schmitt auf der anderen Seite. Zwischenzeitlich gewann Schmitt dabei an Terrain. Seine Organisation des Deutschen Juristentages nahm Eckhardt allerdings zum Anlass für eine erste Intervention. Man fürchtete, Schmitt könne bei einer möglichen Ernennung Hans Franks zum Justizminister dessen Staatssekretär werden. Deshalb ließ der SD Schmitt durch seinen damaligen Assistenten Herbert Gutjahr bespitzeln und legte eine Akte an, die Argumente für einen öffentlichen Angriff sammelte. Ende 1936 publizierte das SS-Organ *Das schwarze Korps* zwei Artikel, woraufhin Schmitt durch seinen einstigen Förderer Frank seiner Ämter enthoben wurde.

Diese Erfahrungen waren für Schmitt gewiss einschneidend. Dennoch kann nicht davon die Rede sein, dass er sich aus der politischen Brandzone zurückzog. Ernst Jünger schrieb damals, am 3. November 1937, an Schmitt, dass »das Staatsrecht eine immer größere Ähnlichkeit mit den fatalen Betten des Prokrustes gewinnt«. Schmitt antwortete darauf am 14. November: »Der Vergleich mit dem Prokrustesbett stimmt. Ich fühle mich aber nicht als den Herkules, der diesen Prokrustes erschlägt, wohl aber als den Röntgenologen, der diesen Prokrustes, ohne daß er es sieht, begleitet. Dieser interessiert mich im übrigen mehr als sein Bett.« Schmitt zieht sich trotz jener Erfahrungen nicht aus der Politik zurück, nimmt jedoch eine gewisse Revision seiner früheren Konzeption vom »totalen Staat« vor, die Koenen[97] als Schlüsselbegriff des »autoritären Staates« der konservativen Revolution deutet. Er reflektiert die verlorene Staatlichkeit in einem kleineren Aufsatz, *Der Staat als Mechanismus bei Hobbes und Descartes* (SGN, 139-147); anschließend folgt *Der Leviathan in der Staatslehre des Thomas Hobbes. Sinn und Fehlschlag eines Symbols* (1938). In diesen Schriften ist eine staatstheoretische und rechtsgeschichtliche Revision des Konzepts vom totalen Staat sichtbar.

Der Aufsatz unterscheidet die (englische und französische) Staatsanschauung von Hobbes und Descartes noch von Hegels (deutschem) Begriff jener organischen Totalität des Staates, die Schmitt dem Nationalsozialismus vorschreiben möchte. Die Hobbes-Monographie scheint dann den historischen Rückblick auf die Epoche der Staatlichkeit an die Stelle der verlorenen Hoffnung auf die politische Totalität zu setzen: »Der Leviathan ist der ›sterbliche Gott‹; er ist zugleich eine repräsentativ-souveräne Person und eine große Maschine«, lautet die Überschrift für Hobbes' Staatskonstruktion an der Schwelle zur Neuzeit. Schmitt schildert das »Schicksal des Staatsbegriffs« (E. Forsthoff) als eine allmähliche Absorption der (christlichen) Persönlichkeit des Staates durch seinen Apparat. Diese Maschinisierung schreibt er einer »jüdischen Front« (L, 86 ff., 106 ff.; vgl. Gl, 290) zu: Spinoza, Mendelssohn und Stahl verkehrten demnach Hobbes' Anerkennung der natürlichen Grenzen der öffentlichen Macht zur liberalen Rechtsstaatsdoktrin und unterwarfen den Staat von der neutralisierten, als unpolitisch anerkannten Privatsphäre aus allmählich einer bürgerlichen Gegenöffentlichkeit und öffentlichen Meinung. Nach wie vor akzeptiert Schmitt diese liberale Beschränkung nicht, wie schon seine antisemitische Codierung andeutet. Er versucht die Totalität des Staates durch die Erinnerung an den Sinn des Symbols zu erneuern. Schmitt kritisiert die Selbstbeschränkung des Staates auf die öffentliche, »endliche« Macht und die damit verbundene »Neutralisierung« und Freisetzung der Privatsphäre. Seine Antwort geht dahin, die Totalität des Politischen nicht mehr vom Machtanspruch der »Bewegung« her erzwingen zu wollen, sondern eine propagandistische List des Staates in der Einsetzung seiner Staatssymbolik einzufordern: Der Staat muss sich demnach zwar auf die Grenzen der Macht beschränken, die ihm durch seine Rechtsförmigkeit gezogen sind, vermag aber die Moralität und Mentalität der Bürger durch einen bestimmten Furor der Indoktrinierung ideologisch zu beeinflussen. Wenn der Staat auch nicht mehr über die Totalität des Politischen verfügt, bleibt doch der Ausweg, sie weiterhin rhetorisch für sich zu behaupten, um die Gesinnung der Bürger zu binden. Schmitt empfiehlt eine bestimmte Technik der Indoktrinierung, die den Gewissensvorbehalt des Einzelnen ideologisch überspielt. Das Schreckensbild vom Leviathan soll eine Allmacht suggerieren, die der Staat als Machtgebilde nicht wirklich hat. In der Hobbes-Studie von 1938 revidiert Schmitt seine Konzeption vom totalen Staat also nicht zum Zweck einer Abkehr vom Totalitätsanspruch des nationalsozialistischen Staates, sondern sinnt auf eine List zur Durchsetzung dieses Anspruchs im Einsatz indoktrinierender Mittel. Er kritisiert Hobbes um der Totalität des Politischen willen. Dass Schmitt den »Staat als Mechanismus« zur Perfektionierung des staatstotalitären Schreckens kritisiert, beweist im Übrigen seine fortdauernde Befürwortung des Nationalsozialismus.

Das Dritte Reich als Reich

Schmitt entzieht sich nach 1936 nicht dem Brandherd der Innenpolitik, sondern folgt dem Schwerpunkt der NS-Aggression. Seine Hinwendung zu völkerrechtlichen Untersuchungen ist dabei durch einige frühe Artikel sowie die programmatische Broschüre *Nationalsozialismus und Völkerrecht* (1934) vorbereitet, die die Strategie im Kampf gegen Versailles und Genf wechseln. Schmitt geht nun parallel zur NS-Außenpolitik von der immanenten Kritik der Legitimität des Völkerbundes zum offensiven »Rechtsanspruch« im Namen des »Grundrechts« auf »eigene Existenz« über, »in dem das Recht auf Selbstbestimmung, Selbstverteidigung und auf die Mittel der Selbstverteidigung enthalten« (NSVR, 8, 28) sei. Vom Standpunkt des »konkreten Ordnungsdenkens« aus konstatiert er in den folgenden Jahren die »Selbstzerstörung« des Genfer Völkerrechtssystems in verschiedenen, demaskierenden »Wandlungen« (PB, 210-213). 1934 proklamiert er: »Die Rechtssubstanz des europäischen Völkerrechtsdenkens liegt heute bei uns« (NSVR, 28); 1936 meint er dann unter Berufung auf Hitler: »Ein echter Bund europäischer Völker kann sich nur auf die Anerkennung der völkischen Substanz gründen und von der nationalen und völkischen Verwandtschaft dieser Völker ausgehen.« (PB, 213) Diesen Führungsanspruch entwickelt die Schrift *Völkerrechtliche Großraumordnung mit Interventionsverbot für raumfremde Mächte* (1939) bei Kriegsbeginn.

Doch zunächst beschreibt *Die Wendung zum diskriminierenden Kriegsbegriff* (1938) kritische Konsequenzen des »universalistischen« Genfer Völkerrechtssystems für das klassische Kriegsrecht. Schmitt konstatiert eine Zerstörung der Möglichkeit echter Neutralität sowie eine Totalisierung der Kriegsführung im Namen moderner politischer Ideen und Gerechtigkeitsideologien, die universelle Geltung für die ganze Menschheit beanspruchen. So vermöge eine pazifistische Ächtung des Kriegs das politische Urphänomen des Kriegs nicht abzuschaffen, sondern wirke vielmehr brutalisierend. Heilige Kriege im modernen Namen der universellen Gerechtigkeit und moralische Kreuzzüge gegen den Gegner seien die ideologischen Wurzeln des »totalen Krieges«, der die Gegenwart kennzeichne, meint Schmitt am Vorabend des Zweiten Weltkriegs. Für diese Wendung zum diskriminierenden Kriegsbegriff (der bestimmte Kriege als Unrecht kennzeichnet und dadurch, so Schmitts Auffassung, solche Kriege durch die rechtliche Diffamierung weiter anheizt und radikalisiert) macht er – erst recht nach 1945 (Gl, 267, 186) – den amerikanischen Präsidenten Wilson und die westliche Hemisphäre verantwortlich. (WdK, 1; SGN, 290 f.) Schmitt misst die angelsächsische und französische Literatur am klassischen Maßstab des »nichtdiskriminierenden« Kriegsbegriffs der neuzeitlichen Völkerrechtler. (WdK, 39 f.; NE, 123-143) In seinem Text *Völkerrechtliche Großraumordnung* begründet er dann seinen eigenen Ansatz:

»Als ich im Herbst 1937 meinen Bericht über ›Die Wendung zum diskriminierenden Kriegsbegriff‹ der Abteilung für Rechtsforschung der Akademie für Deutsches Recht zu deren 4. Jahrestagung vorlegte, war die politische Gesamtlage von der heutigen noch wesentlich verschieden. Damals hätte der Reichsbegriff nicht, wie das jetzt hier geschieht, zum Angelpunkt des neuen Völkerrechts erhoben werden können. Im Anschluß an jenen Bericht wurde die Frage gestellt, was ich denn eigentlich Neues an die Stelle der alten Staatenordnung zu setzen hätte, da ich weder einfach beim Alten bleiben, noch mich den Begriffen der westlichen Demokratien unterwerfen wollte. Heute kann ich die Antwort geben. Der neue Ordnungsbegriff eines neuen Völkerrechts ist unser Begriff des Reiches, der von einer von einem Volk getragenen, volkhaften Großraumordnung ausgeht [...]. Die Tat des Führers hat dem Gedanken unseres Reiches politische Wirklichkeit, geschichtliche Wahrheit und eine große völkerrechtliche Zukunft verliehen.« (SGN, 306)

Nach dem »Anschluss« Österreichs und zwei Wochen nach der Annexion der Tschechoslowakei deutet Schmitt den Nationalsozialismus erstmals eingehend als Reich im Sinne eines staatenumgreifenden Imperiums.[98] Seine Schrift *Völkerrechtliche Großraumordnung* versteht er als *Beitrag zum Reichsbegriff im Völkerrecht*. Schmitt zufolge ist der »überkommene Begriff des Staates durch den Volksbegriff erschüttert« (SGN, 270) und das politisch konkrete Ordnungsdenken im Völkerrecht habe nunmehr von der Tatsache der Großmächte und deren »Großraum« auszugehen. Als »Reiche« definiert er »die führenden und tragenden Mächte, deren politische Idee in einen bestimmten Großraum ausstrahlt und die für diesen Großraum die Interventionen fremdräumiger Mächte grundsätzlich ausschließen« (SGN, 295 f.). Schmitt schlägt implizit eine Aufteilung der Welt in verschiedene Großräume bei gegenseitiger Respektierung des »Interventionsverbots für raumfremde Mächte« vor. Dabei beansprucht er den »mittel- und osteuropäischen Großraum« für das Reich. Mit anderen Worten: Er fordert die Nichtintervention der Großmächte gegenüber der Expansionspolitik des Dritten Reiches.

Die bis 1941 mehrfach aufgelegte, erweiterte Broschüre kommentiert das Kriegsgeschehen und entwickelt den Führungsanspruch des Reichs immanent dekonstruktiv, indem sie das Dritte Reich allen Ernstes als Hüter der »volklich«-rechtverstandenen, demokratischen Legitimität gegenüber ihrer ökonomisch-universalistischen Missdeutung durch die westliche Hemisphäre behauptet. Neben dieser ideologischen Erklärung finden sich aber auch gesellschaftsgeschichtlich argumentierende Erklärungsansätze am Beginn und Ende der Schrift. So wird einleitend die Erschütterung des Staatsbegriffs durch die moderne »Großraumwirtschaft« erörtert: Zur Großraumordnung tendiert demnach nicht das Volk ohne Raum, sondern die moderne, übernationale Verkehrswirtschaft, die den Großraum als »Leistungsraum« (SGN, 272, 314 ff.) auslegt.

Die Schrift entwickelt den Reichsbegriff über eine Dekonstruktion der »Monroedoktrin als Präzedenzfall eines völkerrechtlichen Großraumprinzips«. Diese 1823 vom damaligen amerikanischen Präsidenten James Monroe verkündete außenpolitische Doktrin – ursprünglich ein völkerrechtlicher Reflex der politischen Idee der demokratischen Legitimität – zielt laut Schmitt auf die »Unabhängigkeit aller amerikanischen Staaten; Nichtkolonialisation in diesem Raum; Nichtintervention außeramerikanischer Mächte in diesem Raum« (SGN, 277). *Völkerrechtliche Großraumordnung* zeigt einen »Sinnwandel« dieser politischen Idee auf: eine allmähliche, »ökonomische« oder »kapitalistisch-imperialistische« (SGN, 284) Umdeutung in eine »pan-interventionistische Weltideologie«, die eigentlich nur den politischen »Grundsatz der Sicherheit der Verkehrswege des Britischen Weltreiches« verkläre. Die frühere Kritik am Genfer Völkerbund als Legitimierung des Status quo (der »Beute«) von Versailles weitet Schmitt damit historisch und geographisch zu einer Betrachtung der westlichen Hemisphäre aus, die er im *Nomos der Erde* 1950 nahezu ungemildert wiederholt. (NE, 213-299)

Schmitt entwickelt den Anspruch des Reichs auf den mittel- und osteuropäischen Großraum, in welcher Ausdehnung auch immer, ausgerechnet vom Genfer »Minderheiten- und Volksgruppenrecht im mittel- und osteuropäischen Großraum« her und bezeichnet den »Grundsatz gegenseitiger Achtung jedes Volkstums« (SGN, 294, vgl. 296 f.) als die »politische Idee« des Nationalsozialismus. Dieser Großraum habe seine Homogenität durch die »Artgleichheit«, in ihm lebten »viele, aber – von den Juden abgesehen – nicht artfremde Völker und Volksgruppen« (SGN, 294). Damit werden die Juden von der völkischen Achtung ausgeschlossen. Ihre Deportation ist durch ihr »Mißverhältnis« (SGN, 317) zum Boden implizit gerechtfertigt.

Will man der Schrift systematische Bedeutung geben, so liegt sie in der Weiterentwicklung der alten Reichsideologie, die eine historische Abfolge der Weltreiche annimmt, zur Erkenntnis des Blocksystems, das von mehreren gleichzeitig und nebeneinander existierenden Großmächten und Blöcken ausgeht. Schmitt beschreibt die Machtverhältnisse aber nicht nur, sondern rechtfertigt sie auch. Seine geschichtsphilosophische Auszeichnung des Nationalsozialismus durch eine »politische Idee« dominiert die politische Analyse. Schmitt legitimiert die hegemoniale Führung Nazideutschlands über Mittel- und Osteuropa, indem er das Dritte Reich wegen seiner völkischen Auslegung der »demokratischen Legitimität« als Erbe und Hüter der politischen Idee der westlichen Hemisphäre präsentiert. Zuletzt gibt er eine historische Erklärung für den Kriegsausbruch, die dann in *Nomos der Erde* weiter entfaltet ist. (Vgl. SGN, 235-262, 372-383) Schmitt führt aus, dass das klassische Gleichgewichtssystem des europäischen Völkerrechts – das Jus Publicum Europaeum – »sich um eine schwache Mitte Europas bewegte« (SGN, 302) und mit dem Erstarken des Deutschen Reichs gesprengt wurde. Dessen Expansionsdrang nach Mittel- und Osteuropa hätte nur durch ein Kolonialreich aufgefangen werden können, meint Schmitt: »Die Ausschließung Deutschlands vom außereuropäischen Kolonialbesitz war die eigentliche Diffamierung und Disqualifizierung Deutschlands als europäischer Macht [...]. Heute bezahlen die Westmächte England und Frankreich ihre Unfähigkeit, neue, wachsende Völker Europas in das von ihnen geführte Völkerrechtssystem einzufügen und ein gerechtes ›peaceful change‹ mit echten Freundschaftslinien zu verwirklichen. Sie büßen ihre Schuld nicht nur mit dem Zusammenbruch ihrer bisherigen Weltmacht, sondern auch mit dem Zusammenbruch eines völkerrechtlichen Systems.« (SGN, 313 f.) – Damit endet die *Völkerrechtliche Großraumordnung*.

Das Jahr 1941 brachte mit dem Angriff auf die Sowjetunion und dem Kriegseintritt der USA die Ausweitung des europäischen Kriegs zum Weltkrieg, der bald als »totaler Krieg« geführt wurde.[99] Schmitt reagiert mit einer grundsätzlichen Umbesinnung. In *Land und Meer. Eine weltgeschichtliche Betrachtung. Meiner Tochter Anima erzählt* (1942) distanziert er sich vom Reich im kontemplativen Gestus eines Jacob Burckhardt, indem er den Reichsbegriff zugunsten einer weltgeschichtlichen Betrachtung aufgibt, die das Kriegsgeschehen als einen Streit der Potenzen Land und Meer deutet. In weltgeschichtlicher Perspektive und literarischer Form deutet Schmitt das Kriegsgeschehen als ein elementares, apokalyptisches Ereignis. Er »erzählt« von der Eroberung des Meeres durch die »ersten Helden einer maritimen Existenz« (LM, 29), d.h. durch die Waljäger, Piraten und Korsaren, von der Entscheidung Englands für die »maritime Existenz«, von seinem Aufstieg zur Weltmacht und von der planetarischen »Raumrevolution« (LM, 55 ff., 64 ff.) infolge der Eroberung der neuen Welt. Er erzählt vom »Gegensatz von Landkrieg und Seekrieg« und dem durch die industrielle Revolution sich verschärfenden, ins neue Element der Luft getragenen »Weltkampf« zwischen England und Deutschland. Schmitt deutet den Krieg zwischen England, der Seemacht, und Deutschland, der kontinentalen Führungsmacht, als einen Existenzkampf im Sinne der »seinsmäßigen Behauptung der eigenen Existenzform« (BP, 50; vgl. SGN 401-422). Die Schrift endet mit einer Prognose: Der Streit der Elemente wird sich mit der Nahme eines neuen Elements, nämlich an der Lufthoheit, entscheiden. (LM, 104 ff.) Der Luftkrieg bringt einen Zusammenstoß der Elemente. Es regnet Flammen vom Himmel, und vom Meer her fallen die Feinde ins Land ein, so beschreibt Schmitt die sich abzeichnende Niederlage als ein elementares Ereignis. »Soll ich Ihnen mein Büchlein ›Land und Meer‹ schicken?«, fragt er am 17. November 1942 Ernst Jünger: »Dort ist am Schluss gesagt, dass die Geschichte der Menschheit nach antiker Lehre ein Gang durch die 4 Elemente ist. Wir sind jetzt im Feuer.«

Angesichts des katastrophalen Untergangs besinnt sich Schmitt auf die geschichtliche *Lage der europäischen Rechtswissenschaft* (1943/44; VRA, 386-429; vgl. SGN, 166 ff.), ohne den Überlegenheitsanspruch der deutschen Rechtswissenschaft aufzugeben. Der Aufsatz *Donoso Cortés in gesamteuropäischer Interpretation* (DC, 80-114) hält dann geistesgeschichtliche Rückschau. Schmitt deutet den Untergang des Reichs als Ende aller Zeiten, spricht dem Nationalsozialismus im Abgesang noch eine providenzielle Bedeutung zu und erwartet das Kommen des Antichristen. Seine nach 1945 fortgesetzten geschichtstheologischen Spekulationen legen nahe, dass er dem Dritten Reich die politisch-theologische Bedeutung gab, den Menschen in der Geschichte zu halten und das Ende der Geschichte aufzuhalten. Die genauere Untersuchung des ideenpolitischen Einsatzes des bei Kriegsende verstärkt verwendeten geschichtstheologischen Terminus vom »Katechon«, von einem »Aufhalter« des »Endes der Geschichte«, zeigt aber, dass Schmitt den Begriff zunächst politisch instrumentalisiert und erst nachträglich retheologisiert.[100]

5. Carl Schmitt nach 1945

Vergangenheitsbewältigung

Gegen Kriegsende wird Schmitt zum Volkssturm eingezogen. Am 30. April 1945 wird er von sowjetischen Truppen in seinem Haus in Berlin-Schlachtensee verhaftet, aber nach einem Verhör wieder freigelassen. Im August verfasst er ein Rechtsgutachten über *Das internationalrechtliche Verbrechen des Angriffskrieges*. Im September durchsuchen US-Soldaten seine Wohnung und beschlagnahmen die Bibliothek. Am 26. September 1945 wird Schmitt erneut verhaftet. Im Dezember verliert er seinen Lehrstuhl. Im Internierungslager schreibt er einige Texte über seine *Erfahrungen der Zeit*. Am 10. Oktober 1946 kommt er frei, wird jedoch am 19. März 1947 wieder arrestiert und nach Nürnberg gebracht. Man überlegt, ob er als Angeklagter oder als Zeuge vor Gericht geladen werden soll. Der Chefankläger Robert Kempner veranlasst ihn zur schriftlichen Beantwortung einiger Fragen. Quaritsch führt in seiner kommentierten Edition von Schmitts *Antworten in Nürnberg* aus, dass die Erwägung einer Anklage nur ein Vorwand war, um Schmitt als Gutachter und Zeugen für den anstehenden Wilhelmstraßen-Prozess gegen die Staatssekretäre zu gewinnen.

Im Verhör nennt Schmitt sich einen »intellektuellen Abenteurer« (AN, 60) und betont die Zäsur von 1936: »Bis dahin habe ich es für möglich gehalten, diesen Phrasen einen Sinn zu geben.« (AN, 54) In der Haft beantwortet er vier Fragen: Wie weit haben Sie die theoretische Untermauerung der hitlerschen Großraumpolitik gefördert? Haben Sie an der Vorbereitung des Angriffskriegs und der damit verbundenen Straftaten an entscheidender Stelle mitgewirkt? Die Stellung des Reichsministers und Chefs der Reichskanzlei? Warum sind die deutschen Staatssekretäre Hitler gefolgt? Während die letzten beiden Fragen mehr die Analyse des NS-Systems betreffen, zielen die ersten auf Schmitts persönliche Kontakte, auf seine Positionierung im Nationalsozialismus. Schmitt nennt sich den »seltenen oder auch seltsamen Fall« eines Staatsrats, »bei dem nichts zu plündern war« (AN, 71). Er betont seine rein wissenschaftliche Haltung (AN, 77) und den Gegensatz seiner Großraumlehre zu allen Arten einer theoretischen Untermauerung der hitlerschen Großraumpolitik. Er behauptet, im juristischen Sinne unschuldig zu sein (AN, 83 ff.), weist aber eine »ideologische« Verantwortlichkeit nicht gänzlich zurück (AN, 88 ff.) und nimmt deshalb die Frage seiner moralischen Verantwortlichkeit ernst. Kempner verurteilt ihn zwar moralisch, sieht jedoch keinen juristischen Grund für sein Bleiben in Nürnberg und erwirkt seine Freilassung, die am 6. Mai erfolgt.[101] Schmitt kehrt in die »Welt großartigster Spannung« (SGN, 513-516) heim und lebt fortan in seiner sauerländischen Heimatstadt Plettenberg. Bis ins hohe Alter pflegt er eine rege Korrespondenz und Vortragstätigkeit.

Zwar publiziert er in den Fünfzigerjahren noch zahlreiche Untersuchungen. Das meiste ist aber Selbstinterpretation und Rückblick. Daneben entwickelt Schmitt halböffentliche Schreibweisen und Formen für einen engeren Kreis. Mit der Gründung der Bundesrepublik verbessern sich seine Publikationsmöglichkeiten. 1950 erscheinen einige entstehungsgeschichtlich bis auf die Kriegsjahre zurückgehende Schriften: *Nomos der Erde* – Schmitts drittes Hauptwerk (nach der *Diktatur* und der *Verfassungslehre*; vgl. BS, 183) – entstand teils noch im Krieg und ist die völkerrechtsgeschichtliche Summe dieser Kriegserfahrungen. *Die Lage der europäischen Rechtswissenschaft* (1950) geht ebenfalls auf Vorträge der Kriegsjahre zurück. *Ex Captivitate Salus* (1950) ist eine rechtfertigende Identitätserklärung des eigenen »Falls«. *Donoso Cortés in gesamteuropäischer Sicht* (1950) sowie *Verfassungsrechtliche Aufsätze aus den Jahren 1924-1954* (1958) versammeln ältere Aufsätze. *Hamlet oder Hekuba* (1956), *Gespräch über die Macht und den Zugang zum Machthaber* (1954) und *Politische Theologie II* (1970) reflektieren und interpretieren das eigene Werk. Lediglich die *Theorie des Partisanen* (1963) führt die Zeitdiagnose weiter. Posthum erschienen zwei weitere wichtige Texte: Schmitts noch im Sommer 1945 verfasstes Gutachten über *Das internationalrechtliche Verbrechen des Angriffskrieges* (1994) sowie das *Glossarium* (1991). Dazu kommen die Briefwechsel mit Ernst Jünger (1999) und Armin Mohler (1995) sowie weitere Korrespondenzen und Materialien, die teils in dem Fachorgan *Schmittiana* veröffentlicht sind. Die Briefwechsel mit Bonner Schülern wie Ernst Rudolf Huber, Ernst Forsthoff, Werner Weber sowie den jüngeren Ernst-Wolfgang Böckenförde, Roman Schnur, Helmut Quaritsch wurden bislang nicht veröffentlicht. Von wissenschaftsgeschichtlichem Interesse dürften auch Briefwechsel mit Reinhart Koselleck, Christian Meier und anderen sein, sodass mit weiteren wichtigen Veröffentlichungen aus dem umfangreichen Nachlass[102] zu rechnen ist.

Schmitts Spätwerk lässt sich in weiten Teilen als verschlüsselte Auseinandersetzung mit dem Nationalsozialismus lesen. Drei Ansätze zur Vergangenheitsbewältigung seien hier skizziert: der im *Gespräch über die Macht* kulminierende Ansatz zur Souveränitätskritik, der im *Glossarium* deutlich hervortretende Ansatz zur Identitätserklärung und die mit *Hamlet oder Hekuba* vorgenommene Spiegelung des eigenen Verhaltens.

Der Ansatz der Souveränitätskritik

Das Rechtsgutachten *Das internationalrechtliche Verbrechen des Angriffskrieges und der Grundsatz »Nullum crimen, nulla poena sine lege«* fragt: Musste ein Angriffskrieg (Nazideutschlands) völkerrechtlich als Kriegsverbrechen gelten, sodass der einzelne Staatsbürger seine wirtschaftlich interessierte Teilnahme als ein strafrechtliches Delikt anzusehen und mit strafrechtlicher Verfolgung zu rechnen hatte? Schmitt argumentiert vom Grundsatz des Rückwirkungsverbots »Nullum crimen, nulla poene sine lege« her, dessen Geltung für den Nationalsozialismus er allerdings früher eingeschränkt hatte.[103] Er bezeichnet dieses Rechtsstaatsprinzip nun als eine »naturrechtliche und moralische Maxime« (VA, 80) und antwortet, dass die Pönalisierung des Angriffskriegs bis 1939 noch nicht so entwickelt war, dass eine völkerrechtlich geltende Rechtsgrundlage bestand. Schmitt schließt also eine Strafverfolgung des »wirtschaftlich tätigen ordinary business-man« aus. Das Gutachten argumentiert gegen die Verfolgung seines Auftraggebers Friedrich Flick – was nicht verwundert.

Neben der prozesstaktischen Berufung auf das Rückwirkungsverbot findet sich ein interessantes Kriterium politischer Verantwortlichkeit. Schmitt bemisst den Kreis der Täter nach dem »Zugang zur Spitze« im persönlichen Regiment des Hitler-Regimes. Wer Zugang zur Spitze hatte, ist Täter. (VA, 65 ff.) Alle anderen sind bloße Teilnehmer. Nach diesem weiten Kriterium genügt eigentlich schon die Chance zum kommunikativen Zugang zur Spitze. Dann wäre aber auch ein Berater des Beraters, ein preußischer Staatsrat wie Schmitt etwa, durch seinen mittelbaren Zugang zur Spitze potenziell ein verantwortlicher Täter. Dazu schweigt Schmitt jedoch. Er sieht sich nicht als Täter an. Auch einen wirtschaftlich interessierten Teilnehmer, wie den Industriellen Flick, betrachtet er nicht als strafrechtlich verantwortlichen Täter. Er meint dagegen, dass unter den Bedingungen der politischen »Totalität«, des »totalen« Staates und »totalen« Kriegs, niemand die Chance zur Neutralität hatte. Schmitt argumentiert, dass Bürger eine Vernunftvermutung zugunsten der öffentlichen Feinderklärung vornehmen und auf individuelle Feinderklärungen verzichten müssen. (VA, 74 ff.) Solange eine politische Führung erkennbar ist und der Staat effektiv existiert, bestehe die Relation von Schutz und Gehorsam. Loyalität sei also selbst gegenüber dem Nationalsozialismus geboten gewesen.

Schmitt entwickelt seine Betrachtungen über den Zugang zum Machthaber zunächst in zwei schriftlichen Stellungnahmen weiter, die er in Nürnberg dem Ankläger Kempner überreicht. So beantwortet er die Frage nach der Stellung des Reichsministers und Chefs der Reichskanzlei vom allgemeinen Problem des Zugangs zum Machthaber her. Dabei betont er die Zerstörung der Gesetzesform im Übergang zu apokryphen »Führerbefehlen« als eine der »Auswirkungen der Machtkonzentration im Hitler-Regime«. Die Reichskanzlei wurde zum Machtzentrum um Hitler. Ihr Chef, Bormann (AN, 61, 95), hatte mit dem Zugang zum Machthaber am Ende auch die Politik in seiner Hand. So folgten die Bürokratie wie auch die Staatssekretäre (AN, 92-99; vgl. VRA, 430-437) noch dem Schein der Legalität.

Schmitts Überlegungen kulminieren in dem dialogisierten Lehrgespräch *Gespräch über die Macht und den Zugang zum Machthaber*. Es exemplifiziert das Drama jeder humanen Selbstbehauptung, dass der neuzeitliche Autonomie- und Souveränitätsanspruch vermessen ist und dem Menschen entgleitet. Schmitt spricht von einer »Dialektik von Selbstbehauptung und Selbstentfremdung« (GM, 17). Seitdem sich der Mensch an die Stelle Gottes gesetzt und zum Maß und Zweck aller Dinge erhoben habe, werde er in seiner Selbstherrlichkeit zerstört. Der Machthaber gerät in Abhängigkeit von den »Indirekten« (GM, 16), den öffentlich nicht bekannten und nicht legitimierten Hintergrundfiguren im Vorhof der Macht. Mittel und Zweck verkehren sich und der Mensch wird zur »Prothese« (GM, 25) der Maschine, deren erster »Prototypus« (GM, 25) der Staat war. Solche Szenarien der Selbstüberhebung des modernen Menschen entwirft Schmitt im Spätwerk immer wieder.

Der Ansatz der Identitätserklärung

Die Bekenntnisschrift *Ex Captivitate Salus. Erfahrungen der Zeit 1945/47* antwortet auf das Ansinnen eines »Anklägers«, »Durchleuchters« und »Rechthabers« – Eduard Sprangers, des damaligen Rektors der Berliner Universität[104] –, um einer Selbstreinigung der Universität willen einen »Fragebogen« auszufüllen. Statt diesen Fragebogen zu beantworten, benennt Schmitt formelhaft seinen »Fall«: »Es ist der schlechte, unwürdige und doch authentische Fall eines christlichen Epimetheus.« (ECS, 12) Liest man die ganze Schrift als Erläuterung dieser Formel, so verweist Schmitt zunächst (in einer Antwort an Karl Mannheim) auf seine Neugier und die Wissenschaftlichkeit seines Werks. Er vergleicht sich dann mit Tocqueville. Wie dieser habe er als »Besiegter« die Prognose gestellt und das »säkulare Thema« vom Untergang des Abendlandes angeschlagen. Schmitt identifiziert sich auch mit Kleist und Theodor Däubler und kennzeichnet die Gegenwart dabei als eine Zeit des Bürgerkriegs, der Entrechtung und politischen Justiz. Erneut bedient er sich der Methode identifikatorischer Spiegelung, wenn er seine Situation mit Bodin und Hobbes[105] parallelisiert, den ersten Vertretern des Ius Publicum Europaeum, als dessen »letzter Lehrer und Forscher in einem existentiellen Sinne« er sich sieht. Im abschließenden Kapitel, »Weisheit der Zelle«, kritisiert er die moderne Idee einer »sich selbst rettenden Menschheit«. Zusammengefasst lautet Schmitts Erklärung seines »Falls« etwa folgendermaßen: Ich bin ein Wissenschaftler, politisch ein Besiegter, der in der Bürgerkriegslage am Ende des europäischen Völkerrechts die Frage nach dem Schicksal Europas mit christlichem Glauben an einen »heilsgeschichtlichen Halt« in der »katechontischen« Absicht auf eine Verzögerung des Endes der Geschichte stellt und dabei gegen die anarchisch-adamitische Sehnsucht für die abendländische Zivilisation optiert.

In *Ex Captivitate Salus* bezeichnet Schmitt den Feind erstmals als die »eigne Frage als Gestalt« (ECS, 90; TP, 87). Diese Formel wiederholt er später immer wieder. Im *Glossarium* zitiert er am 25. Dezember 1948 ausführlicher aus einem Gedicht Theodor Däublers *(Sang an Palermo)*: »Der Feind ist unsere eigne Frage als Gestalt. / Und er wird uns, wir ihn zum selben Ende hetzen.« Der Feind ist ihm die Gestalt einer Fraglichkeit, einer Selbstverborgenheit, die vom anderen her Aufschluss erhält. Der »Kampf des Anerkennens« findet aber kein Ende. Auch die Meditation ist deshalb nur eine andere Weise der Verstrickung in die Tücken des »Selbstbetrugs«, im Kampf um Anerkennung zu einer Identitätsfeststellung zu gelangen. Schmitts großes Dokument dieser Verstrickung ist das 1991 posthum veröffentlichte *Glossarium*[106], das die *Erfahrungen der Zeit 1945/47* in *Aufzeichnungen der Jahre 1947-51* privatim fortsetzt.

Dieser Text ist so vieldeutig und unauslotbar wie die »abgründige Frage« nach dem Selbst. Schmitt überbietet sich darin selbst. Monoman schreibt er abwechselnd Ost und West die Kriegsschuld zu – Stichwort: Wendung zum diskriminierenden Kriegsbegriff und zur Kriminalisierung des Angriffskriegs – und erklärt Nürnberg und Hiroshima zu Kriegsverbrechen, denen gegenüber die Verbrechen Nazideutschlands und Hitlers sekundär erscheinen. Im *Glossarium* spricht sich Schmitts Epochenbewusstsein vom Ende der Goethezeit und der zerschlagenen Hoffnung auf Hölderlin und Hegel aus. Schmitt leidet darunter, nicht mehr der Goethezeit und noch nicht dem neuen Zeitalter der Technik anzugehören und als »Theologe der Jurisprudenz«, genauer: als »katholischer Laie deutscher Volks- und Staatsangehörigkeit« (Gl, 283), »zwischen Theologie und Technik« (Gl, 23, 75, 132, 310 f.; NE, Vorwort; ECS, 74; VRA, 427) zerrieben zu werden. Etwas ratlos wirkt seine Hoffnung, die »Selbstzersetzung des deutschen Idealismus« möge neue »theurgische Kräfte« (Gl, 83) entfesseln. In seinem Scheitern identifiziert sich Schmitt mit Kleist, dessen Vermählung mit der katholischen Dichterin Droste-Hülshoff er visioniert. Doch der wahrhaft tragische Held im Geschehen ist für ihn nur einer, Carl Schmitt selbst, »der letzte bewußte Vertreter des jus publicum Europaeum in einem existentiellen Sinne« (ECS, 75), der die »Ehre« (Gl, 143, 166) und das »Asyl« (Gl, 195, 206; NE, Vorwort) der europäischen Rechtswissenschaft jederzeit rettete. Schmitt fragt nun nach konservativen Mächten in der Weltgeschichte, die das »Ende der Geschichte« aufzuhalten vermögen:

»Ich glaube an den Katechon; er ist für mich die einzige Möglichkeit, als Christ Geschichte zu verstehen und sinnvoll zu finden. [...] Die Theologen von heute wissen es nicht mehr und wollen es im Grunde auch nicht wissen. Ich wollte eigentlich von ihnen wissen: wer ist heute der Katechon? Man kann doch nicht Churchill oder John Foster Dulles dafür halten. [...] Man muß für jede Epoche der letzten 1948 Jahre den Katechon nennen können. Der Platz war niemals unbesetzt, sonst wären wir nicht mehr vorhanden. [...] Es gibt zeitweise vorübergehende, splitterhafte fragmentarische Inhaber dieser Aufgabe. Ich bin sicher, daß wir uns sogar über viele konkrete Namen bis auf den heutigen Tag verständigen können, sobald nur einmal der Begriff klar genug ist. Donoso Cortés ist theologisch daran gescheitert, daß ihm dieser Begriff unbekannt geblieben ist.« (Gl, 63)[107]

Alle geistesgeschichtlichen Identifikationen sind Facetten der Selbstreflexion: Facettierung der »eignen Frage«. Die Antwort erfolgt nicht zuletzt über einen offensiven Antisemitismus. Schmitt knüpft seine Identität erneut an die Frage nach dem »jüdischen Geist« und thematisiert sein Verhältnis zum Judentum als Kehrseite seines christlichen Selbstverständnisses. Er bietet eine Fixierung seiner diversen Feindbestimmungen an den Antisemitismus als Grundmythos seines Denkens an. Immer wieder identifiziert er seine negativen Positionen mit der Gegnerschaft zum »jüdischen Geist«, wobei er zu einer hermeneutischen Verflüchtigung aller nachweislichen Bezüge ins Willkürliche und geradezu Paranoische neigt: »Denn Juden bleiben immer Juden. Während der Kommunist sich bessern und ändern kann. Das hat nichts mit nordischer Rasse usw. zu tun. Gerade der assimilierte Jude ist der wahre Feind. Es hat gar keinen Zweck, die Parole der Weisen von Zion als falsch zu erweisen.« (Gl, 18)[108]

Die Feindidentifikationen geraten zu einem Maskentanz hermeneutischer Enthüllungen, bei der die Identifikation des »Juden« vorab feststeht. Durch alle Masken schillert der »wahre Feind« hindurch und alle Fakten bleiben um einer anderen Wahrheit willen hinter den Masken verborgen. In diesem Dickicht kann man sich nur verstricken. Schmitts Hermeneutik verzichtet deshalb auch auf nähere theologische Ausweise und bestimmt den »jüdischen Geist« nur stereotyp, insbesondere durch die alte Antithese von Gesetz und Liebe. Die Formel vom Feind als »eigne Frage als Gestalt« verweist auf die Verflochtenheit der Identitätsfeststellung mit der Unterscheidung vom Feind. Die Selbsterklärung wird zur Chiffre der Schulderklärung, die die Auseinandersetzung mit dem Judentum als Angelpunkt benennt. Schmitt bekennt nun die Schlüsselbedeutung des Antisemitismus für sein Denken und Wollen und zeigt zugleich die Fragwürdigkeit einer formelhaften Antwort an. Die Auseinandersetzung mit dem Judentum führt er u.a. im Gespräch mit Jacob Taubes[109] weiter, wobei es beiden um die politisch-theologische Differenz im Geschichtsdenken geht.

Spiegel der Dichtung

1956 erscheint *Hamlet oder Hekuba. Der Einbruch der Zeit in das Spiel*. Der Essay schlägt eine wirkungsästhetische, d.h. die ästhetische Wirkung aufs Publikum analysierende Hamlet-Deutung vor, die jene Genie- oder Produktionsästhetik ablehnt (HH, 34 ff.), die Kunstwerke als subjektiven Ausdruck des Künstlers versteht. Schmitt bestreitet namentlich die psychoanalytische Hamlet-Deutung, die Sigmund Freud in seiner *Traumdeutung* (1900) entwickelte, und entschlüsselt dagegen den zeitgeschichtlichen Gehalt[110], den Shakespeare für ein bestimmtes Publikum, für seine »Mitwelt«, auf die Bühne brachte. Schmitt unterscheidet dabei bloße »Anspielungen« und zeitgeschichtliche »Spiegelungen« von »echten« »Einbrüchen der Zeit ins Spiel« (HH, 26 ff.). Den »Einbruch« der Zeit, mit dem das ästhetische Spiel vorbei ist, nennt er den »Ursprung« und die »Quelle der Tragik«, in der die Geschichte selbst zum Akteur und zur »Tathandlung des Dramas« (HH, 12) wird. Ein solcher Einbruch macht die literarische Deutung des geschichtlichen Stoffs zu einer echten Aufgabe humaner Selbstbewahrung. Dieser Einbruch ereignet sich für die »gemeinsame Öffentlichkeit« (HH, 37 ff.), die Autor und Publikum als Zeitzeugen, als Zeugen der Geschichte, umgreift. Shakespeares Größe besteht nach Schmitt gerade darin, »den tragischen Kern erkannt und respektiert« (HH, 53) zu haben.

Der Hamlet-Essay wurde als tiefsinnige Geschichtsspekulation gedeutet[111], die die deutsche Nationalgeschichte als Kampf um die Selbstbehauptung des Patriarchats spiegelt. Buchstäblich handelt er mehr vom Schicksal des Katholizismus und des »göttlichen Rechts des Königtums«, von der »dynastischen Legitimität«. Es finden sich aber auch Anspielungen (HH, 37, 11) und Spiegelungen, die darauf hindeuten, dass er die Erfahrung der NS-Zeit literarisch bearbeitet. Zwei echte Einbrüche der Geschichte hebt Schmitt hervor, die Shakespeare seinem Publikum dichterisch vorstellt: Shakespeare tabuisiert die Schuld der Königin (HH, 13 ff.) und charakterisiert den Rächer als einen gehemmten, unentschlossenen Hamlet (HH, 22 ff.). Das sind nach Schmitt die Probleme, die Shakespeare seinem Publikum zu verstehen gibt, und sie legt Schmitt nun auch seinem Publikum nahe. Er vergleicht die Öffentlichkeit des *Hamlet* mit dem »Berliner Publikum des Jahres 1934« in der »damaligen Röhm-Affäre«[112] und deutet an, dass seine damaligen Artikel für eine »gemeinsame Öffentlichkeit« bestimmt waren, »nicht für irgendein neutrales oder fremdes Publikum und auch nicht für die Nachwelt geschrieben, sondern für die Mitwelt«, die das »durchsichtige incognito« (HH, 39) durchschaute. Als literarische Spiegelung der schmittschen Rolle im Nationalsozialismus gelesen, weist der Text darauf hin, warum Schmitt, gewisse Tabus respektierend, überhaupt publizierte, gleichzeitig aber keine konservative Kritik der Ereignisse schrieb, die im durchsichtigen Inkognito möglich gewesen wäre.

Ein Partisan der Einheit der Welt

Schmitt entwickelt seine Verfassungslehre in immer weiteren Zusammenhängen. Beschränkt er sich bei der Ausarbeitung seiner Souveränitäts- und Verfassungslehre zunächst auf die moderne Verfassungsgeschichte seit 1789, so stellt er seine Verfassungslehre des »bürgerlichen Rechtsstaats« mit dem verstärkten

Übergang zu völkerrechtlichen Untersuchungen in eine Geschichte der neuzeitlichen Epoche der europäischen Staatlichkeit zurück. Mit der Einführung seines Rechtsbegriffs und mit seiner Ausarbeitung der völkerrechtlichen Großraumlehre entwickelt er dann eine rechtsgeschichtliche Gesamtperspektive auf die europäische »Raumordnung« und Verfassung. Das umfangreiche Spätwerk *Der Nomos der Erde im Völkerrecht des Jus Publicum Europaeum* geht entstehungsgeschichtlich auf die Kriegsjahre zurück. Es erörtert eine bestimmte Epoche der Völkerrechtsgeschichte in normativ-kritischer Absicht: die Epoche der Entstehung und Auflösung des neuzeitlichen europäischen Völkerrechts, die Schmitt als den ersten Nomos der Erde, als die erste Epoche eines »globalen« Völkerrechts bezeichnet. Die vier Hauptteile des Werks heißen: »Fünf einleitende Corollarien«, »Die Landnahme einer neuen Welt«, »Das Jus Publicum Europaeum«, »Die Frage eines neuen Nomos der Erde«.

Ein Korollar ist ein kleinerer Begleittext, der Folgerungen und Schlüsse zieht. Der folgernde Anspruch der Einleitung bezieht sich insbesondere auf die »rechtsphilosophischen« (NE, 51) Konsequenzen der Völkerrechtsgeschichte. Schmitt definiert das Recht einleitend erneut als »Einheit von Ordnung und Ortung« (vgl. NE, 13 ff., 48, 157). Die Ortung benennt dabei den Raumaspekt des Rechts: Recht gilt nur im Rahmen einer räumlich begrenzten, effektiven Machtordnung, einer »Raumordnung«, wie Schmitt sagt. Völkerrechtsgeschichte ist in besonderem Maße politische Geschichte. Es liegt deshalb nahe, Epochen der Völkerrechtsgeschichte unter dem Gesichtspunkt ihrer hegemonialen Trägermacht zu unterscheiden. So differenziert Wilhelm Grewe[113] zwischen Völkerrechtsordnungen des mittelalterlichen, des spanischen, des französischen und des englischen »Zeitalters«. Ludwig Dehio[114] betrachtet diese Ordnungen unter dem Aspekt von »Gleichgewicht oder Hegemonie«. Schmitt steht solchen Betrachtungsweisen nahe. Seine Machtgeschichte des Völkerrechts befürwortet ein Gleichgewichtssystem mehrerer Großmächte gegenüber einer Hegemonialverfassung des Völkerrechts. (Vgl. NE, 120, 160f., 164) Eine Besonderheit kennzeichnet seinen Ansatz gegenüber einer nüchternen Machtgeschichte des Völkerrechts: Schmitt beschreibt die Universalgeschichte des europäischen Völkerrechts normativ-kritisch als Geschichte seiner »Entortung« (NE, 149, 298). Am Beispiel des Völkerrechts stellt er der Rechtswissenschaft die »Existenzfrage« und kommt zu dem negativen Befund, dass die Rechtswissenschaft »zwischen Theologie und Technik zerrieben wird« (NE, 6).

Schmitt schildert zunächst die »Ent-Theologisierung« (NE, 112f.) des europäischen Völkerrechts im Übergang des rechtlichen Entscheidungsmonopols von der mittelalterlichen Kirche auf den neuzeitlichen, europäischen Flächenstaat. Dabei betrachtet er die – schon in *Land und Meer* erörterte – Landnahme einer neuen Welt als eine Voraussetzung für die relative Ordnung des europäischen Staatensystems. Im zweiten Schritt schildert er die Übernahme der Trägermacht vom europäischen Gleichgewichtssystem auf die amerikanische Hegemonie und kritisiert sie als Zerstörung des Rechts und der Rechtswissenschaft überhaupt. Seine verwickelte Argumentation kann hier nur ungefähr nachgezeichnet werden: Schmitt beschreibt die Weltgeschichte Europas und die Globalisierung seines Rechts als Europas Entthronung aus der sakralen »Mitte der Erde« (vgl. NE, 188, 199, 206, 212, 255). Dabei konzentriert er sich in Fortsetzung früherer Diagnosen auf den Aufstieg der USA zur führenden Großmacht und deutet die – in der *Theorie des Partisanen* dann näher erörterte – Rolle der Sowjetunion nur an. (NE, 191, 255) Den Aufstieg der USA schildert er von Englands Übergang zu einer »maritimen Existenz« her, den er einerseits mit einer Geschichte der Industrialisierung, andererseits mit einem Übergang von einem »terranen« zu einem »maritimen« Rechtsdenken verbindet. In differenzierten Analysen führt Schmitt aus, dass das am Seekriegsrecht gebildete »maritime« Rechtsdenken nicht die »Hegung« (vgl. NE, 69, 112 ff.) des Feindbegriffs und Kriegsrechts kennt, die er als »Rationalisierung und Humanisierung« des klassischen Völkerrechts auszeichnet. Die Auflösung des Jus Publicum Europaeum führte deshalb, so Schmitt, zu einem »Sinnwandel« (NE, 232 ff., 270 ff.) der Anerkennung und des Kriegs. Der Aufstieg der USA zerstörte das Gleichgewichtssystem und den gemeineuropäischen, nicht zuletzt von der Marktordnung bestimmten »Verfassungsstandard« (vgl. NE, 170 ff., 181 ff.) der europäischen Staatenordnung, ohne die geschichtlichen Herausforderungen positiv zu bewältigen und einen neuen Nomos der Erde zu etablieren. Schmitt deutet die Wendung zum diskriminierenden Kriegsbegriff infolge der Kriminalisierung des Angriffskriegs als eine Wiederkehr des »gerechten Krieges« (vgl. NE, 88 ff., 272, 299) unter neuen, postchristlichen Vorzeichen. Den »gerechten Krieg« deutet er dabei als »ideologisches Begleitphänomen der industriell-technischen Entwicklung« (NE, 299). Alle diese Entwicklungen führt er in erster Linie auf die »westliche Hemisphäre« zurück.

Die einzelnen Argumentationsstränge sind hier nicht weiter zu entwirren. Insbesondere die – später im *Gespräch über den Neuen Raum* (SGN, 552-569) verschärften – Thesen zum Zusammenhang zwischen dem Übergang zur »maritimen Existenz« und der modernen Industrialisierung und Technisierung sind in ihrem normativen Anspruch – dem Verweis auf den Menschen als »Landtreter« (LM, 7) und »Sohn der Erde« (LM, 8) – reichlich spekulativ. Dass Schmitt die Entwicklung zum »Vernichtungskrieg« einseitig der westlichen Hemisphäre zuschreibt, verlangt nach Einspruch. Jenseits des universalgeschichtlichen Schlüsselgestus trägt das Ganze Züge einer anregenden Tendenzgeschichtsschreibung.

Ein erstes Missverständnis wäre eine christliche Gesamtdeutung: Schmitt markiert einen scharfen Bruch zwischen dem christlichen Völkerrecht und dem säkularen Jus Publicum Europaeum. Er misst das globale säkulare Völkerrecht nicht am reichstheologischen Rechtsbegriff des christlichen Mittelalters. Es lässt sich deshalb nicht sagen, dass er mit dem *Nomos der Erde* ein christliches Geschichtsdenken verteidigen wollte. Ein zweites nahe liegendes Missverständnis wäre die Auffassung, dass Schmitt die Landnahme zum einzigen Rechtstitel verabsolutiert und eine Machtgeschichte des Völkerrechts geschrieben hätte. Er fasst die Landnahme vielmehr in Übereinstimmung mit dem Jus Publicum Europaeum nur als einen ersten, »provisorischen« (I. Kant) Rechtstitel auf und nimmt die wechselseitige Anerkennung souveräner Staaten als den eigentlichen Rechtstitel an. Die frühere »Überwindung des Staatsbegriffs im Völkerrecht« (SGN, 300) durch den Reichsbegriff, die allerdings die »Ordnungselemente« (SGN, 306) des Staatsbegriffs erhalten sollte, scheint hier vergessen. Genauer betrachtet, denkt Schmitt aber auch im *Nomos der Erde* erneut nur an die Großmächte (vgl. NE, 162 ff.), die die Rechtsordnung als Raumordnung tragen. So gibt es sachlich eine große Kontinuität zwischen der früheren Konzeption einer »Großraumordnung« und ihrer Reformulierung als »Raumordnung«. Schmitt verdeutlicht seine frühere Alternative von »Großraum gegen Universalismus« (PB, 295-302). Er legt die Großraumordnung nun eher als Gleichgewichtssystem (vgl. SGN, 301f.) einander symmetrisch anerkennender Großmächte aus und betont die Zivilität einer kriegsrechtlichen »Hegung«. Die Möglichkeit einer Hegung von Feindschaft und Krieg stellt er dabei unter den Vorbehalt weiterer imperialer Raumnahmen. Auch das klang früher an. Schon in der Schrift *Völkerrechtliche*

Großraumordnung betonte er den Zusammenhang zwischen der Möglichkeit kolonialer Expansion (»Die Kolonie ist die raumhafte Grundtatsache des bisherigen europäischen Völkerrechts«; SGN, 310) und einer »Politik des Gleichgewichts«, die einen »partiellen Kriegsbegriff« (SGN, 312) zulässt.

Die Gegenwart sieht Schmitt an der »Frage eines neuen Nomos der Erde« scheitern. Er deutet den Kalten Krieg dabei nicht als Konfrontation zweier unterschiedlicher politischer Systeme, sondern als einen Verteilungskampf zwischen zwei im Prinzip einigen Mächten um die Weiden (Ressourcen) der Erde. Die ideologischen Differenzen hält er letztlich für Selbsttäuschung. In Wahrheit sitzen Ost und West demselben »Mythos« der Technik auf. Gegenüber der Möglichkeit einer Einheit der Welt (vgl. SGN, 496-505) in der »Einheit einer *geschichtsphilosophischen* Selbst-Interpretation« (SGN, 500) betont Schmitt in den Fünfzigerjahren dennoch die stete Möglichkeit eines anderen, christlichen Geschichtsbildes[115] und eines politischen Gleichgewichtssystems »mehrerer selbständiger Großräume«. (SGN, 518-522, 592-608) Gegenüber Ernst Jüngers »Denken in Polaritäten« verdeutlicht er die Methodik seines »konkret-geschichtlichen Denkens«. (SGN, 523-569) Er rekapituliert sein Geschichtsbild von der Entwicklung des neuzeitlichen, europazentrischen »Nomos der Erde« und radikalisiert die Frage nach dem »neuen Nomos« der Erde und den aktuellen Herausforderungen. (SGN, 552-569)

Für seine eigenartige, am Kriegsrecht gebildete »Dialektik« von Land und Meer beruft er sich gegenüber der marxistischen »Hegel-Nahme« begriffsstrategisch auf Hegel. (Vgl. NE, 20; SGN, 543f.; VRA, 427ff.)[116] Schmitt entwickelt hintersinnige geschichtsphilosophische Spekulationen über das »Nehmen«, »Teilen« und »Weiden« (VRA, 489-504), wonach Weiden, d.h. das Ausbeuten der natürlichen Ressourcen der Erde, Teilen und

Nehmen voraussetzt. Den imperialen Drang zur Nahme hält er dabei, seinem »anthropologischen Glaubensbekenntnis« (BP, 58 ff.) getreu, für ein menschliches Urphänomen. Ist die Welt genommen, so geht es in der Weltpolitik im Grunde nur noch um die Verteilung: »Denn was man heute im Westen und Osten Weltgeschichte nennt, ist die Geschichte einer als Fortschritt gedeuteten Entwicklung in den Objekten, den Mitteln und den Formen der Nahme. Diese Entwicklung geht von der *Landnahme* nomadischer und agrarisch-feudaler Zeiten, zur *Seenahme* des 16./19. Jahrhunderts, über die *Industrienahme* des industriell-technischen Zeitalters und seine Unterscheidung von entwickelten und unterentwickelten Gebieten, bis schließlich zur *Luft- und Raum-Nahme* der Gegenwart.« (SGN, 582 f.) [117]

Die Nahme erhält erst in der öffentlichen Fixierung durch einen Namen ihre »Krönung« (SGN, 584). Treffende Begriffsbildungen hält Schmitt für eine geschichtliche Macht. Mittels etymologischer Spekulationen bindet er seinen Rechtsbegriff erneut an das griechische »Urwort« Nomos zurück und fasst die Rechtsgeschichte geschichtstheologisch als Explikation anfänglicher Bedeutungsgehalte auf. Zwar entstanden im Umkreis von Schmitt Darstellungen [118], die den Ost-West-Konflikt als einen weltpolitischen Entscheidungskampf alternativer Systeme und als »Weltbürgerkrieg« deuteten. Nach 1989 wurde in dieser Konsequenz das »Ende des Weltbürgerkriegs« erklärt. Auch Schmitt verharmloste diesen Konflikt nicht und sprach mit antimarxistischem Pathos vom »Weltbürgerkrieg« [119]. Im Grunde geht es seiner Überzeugung nach aber nur noch um die Verteilung der Weiden der Erde.

Die *Theorie des Partisanen. Zwischenbemerkung zum Begriff des Politischen* (1963) deutet die Konsequenzen an. Sie zeigt Schmitt erneut als einen verwegenen Denker, der anstößige Gegenwartsprobleme auf den Begriff zu bringen versteht. Die vielschichtige

Schrift gliedert sich in drei Teile: Einleitung, Entwicklung der Theorie, Aspekte und Begriffe des letzten Stadiums. Nach seinen kriegsrechtlichen Diagnosen sucht Schmitt nun einen Horizont jenseits des »klassischen Kriegsrechts«. Dieser Horizont ist durch den Auftritt des Volkes als politisch-militärisches Subjekt gegeben, den Schmitt einleitend mit dem spanischen Freiheitskrieg gegen Napoleon datiert. Zu dieser Zeit hat sich die Praxis der modernen Kriegsführung »von der konventionellen Feindschaft des gezähmten und gehegten Krieges abgewandt und in den Bereich einer anderen, der wirklichen Feindschaft begeben« (TP, 17). Der »Funke« des nationalen Befreiungskampfs sprang 1813 auf Preußen über. Im preußischen Landsturmedikt kam es vorübergehend zu einer staatlichen »Legitimierung des Partisanen der nationalen Verteidigung« (TP, 48). Parallel entstand durch Clausewitz[120] eine philosophische Theorie des Kriegs und der Feindschaft, die dem Partisanen eine »Legitimierung auf philosophischer Basis« (TP, 51) verlieh. Der geschichtsphilosophische Rahmen ermöglichte die Verselbstständigung einer Theorie »absoluter« Feindschaft gegenüber der bloßen Beschreibung der »wirklichen« Feindschaft. Neben den Typus des »defensiv-autochthonen Verteidigers der Heimat« trat der Typus des »weltaggressiven, revolutionären Aktivisten« (TP, 35). Im Zeichen des Kalten Kriegs gibt Schmitt nicht mehr der westlichen Hemisphäre, sondern dem Marxismus die primäre Schuld an der Wendung zum »absoluten« Feindbegriff. Er beschreibt die geschichtliche Entwicklung dieser Theorie und formuliert das Rechtsproblem einer angemessenen rechtlichen Beurteilung des Partisanen.

Die »Entwicklung der Theorie« skizziert er dabei nicht nur als Linie weltrevolutionärer Verwertung des Partisanen von Clausewitz zu Lenin und Mao Tse-tung. Mit differenzierten Bemerkungen (TP, 39 ff., 45 ff.) zum Verhältnis von Preußentum und Partisanentum nimmt Schmitt auch ausführlicher zur Haltung der deutschen Wehrmacht im Zweiten Weltkrieg Stellung. Er erklärt den Sieg von Stalin und Mao aus der strategischen Verbindung (TP, 19, 59 f., 63) des weltrevolutionären Partisanentums mit dem nationalistischen, ursprünglich »tellurischen« und »autochthonen« Verteidiger der »Heimat«. Die Revolution siegte im Namen des Volkes. Mit dieser Überlegung rettet Schmitt seinen Nationalismus bei Anerkennung seiner Niederlage. Die preußische Perspektive muss heute freilich durch neuere Einsichten in die Mittäterschaft der Wehrmacht ergänzt werden. Schmitt spricht aber nicht nur vom preußischen Missverhältnis zum Partisanentum, sondern auch vom Partisanen als preußisches Ideal. Scheint ihm die Legitimität des Partisanen dabei zunächst nationalistisch durch den »tellurischen Charakter« verbürgt, problematisiert er am Ende selbst dieses Kriterium.

Nicht ohne identifikatorische Sympathie schildert er das Beispiel Raoul Salans (TP, 65 ff., 83 ff.), eines hohen französischen Offiziers, der der »unerbittlichen Logik des Partisanenkriegs« erlag, eine eigene Feindbestimmung vornahm und zum Putsch gegen seine Regierung schritt. Schmitt erörtert die Logik seiner Verurteilung, ohne ihm den Respekt vor seinem politischen Mut und den Anspruch auf eine »höhere Art Legitimität« zu versagen: »Der Fall Salan zeigt aber, daß selbst eine in Zweifel gezogene Legalität in einem modernen Staat stärker ist als jede andere Art Recht.« (TP, 86) Wie Salan besteht Schmitt auf der Möglichkeit eines anderen Rechts als dem der staatlichen Formierung von Legalität und Legitimität. Für die Gegenwart prognostiziert er die Heraufkunft eines neuen Typus des »Industrie-Partisanen« (TP, 81) und erörtert den Zwang, dass sich Partisanen im weltpolitischen Zusammenhang »am Regulären legitimieren« (TP, 78) und als politische Subjekte darstellen müssen.

Schmitt exponiert darüber hinaus noch das philosophische Problem, wie es überhaupt möglich ist, dass der »wirkliche

Feind« zum »absoluten Feind« mutiert: »Ist es nicht ein Zeichen innerer Gespaltenheit, mehr als einen einzigen wirklichen Feind zu haben? Der Feind ist unsere eigene Frage als Gestalt.« (TP, 87) Die an sich offene Identitätsbestimmung gewinnt ihre Konturen erst in der Konfrontation mit dem »absoluten Feind«. Absolute Feindschaft aber entzündet einen »Abgrund der totalen Entwertung« (TP, 95; vgl. NE, 294 ff.). Zuletzt macht Schmitt neben der weltrevolutionären Geschichtsphilosophie des Marxismus/Leninismus noch eine »andere Art der Absolutsetzung des Feindes« (TP, 94) aus und prophezeit »neue Arten der absoluten Feindschaft« (TP, 95). Weil der Krieg seinen humanen »Sinn« (TP, 63) erst in der Feindschaft hat, fordere die Entwicklung der Kriegstechnik neue, »absolute« Feindbestimmungen. Absolute Vernichtungsmittel »erfordern den absoluten Feind« (TP, 94). Schmitt zitiert dafür Hegel: Die »Waffen sind das Wesen des Kämpfers selbst« (TP, 95). Diese Erzeugung von Feindschaft aus der Nötigung, der Technik einen Sinn zu geben, gehört zu Schmitts beunruhigendsten und treffendsten Diagnosen. Schmitts Spätwerk destruiert die eigenen politischen Hoffnungen auf einen Feindbegriff, der einen neuen Nomos der Erde tragen könnte.

Kritik der Bundesrepublik

Ende der Vierzigerjahre schreibt Schmitt pseudonym ein knappes Völkerrechts-Repetitorium und einen wenige Seiten langen Grundgesetz-Kommentar.[121] Die Texte sind aber nicht sonderlich aufschlussreich. Eingehendere rechtsdogmatische Analysen publiziert er nicht mehr. Überhaupt hält er sich bedeckt. Er unterscheidet zwischen der herrschenden politischen Öffentlichkeit und den Kreisen, in denen er sich verstanden weiß. Deshalb sind seine Briefwechsel wichtige Quellen. Die Tonlagen variieren allerdings sehr. Einem Vertrauten wie Armin Mohler gegenüber wütet und spöttelt er in verschiedenen literarischen Formen. 1951 ruft er »alle wohlgesinnten Leser von historischen Werken und lyrischen Gedichten« dazu auf, »1. irreale Bedingungssätze bei Historikern; 2. aparte Reime bei Lyrikern« (BS, 105) zu sammeln. Wenn die Geschichte anders gelaufen wäre: Schmitt kritisiert die Lage im Bewusstsein möglicher Alternativen. Er didaktisiert und stilisiert seine Blickweise im Kreis, indem er Zeitdiagnostik in die verschiedensten Spielarten des Schüttelreims gießt. Das klingt etwa folgendermaßen:

»Einst waren wir die Dichter und die Denker
Dann wurden wir Vernichter und Versenker
Und galten als verruchte Menschenbildbeschmutzer:
Jetzt sind wir biedere Kanalbenutzer
und fleißige Monadenfensterputzer.

Doch die Leibniz'sche Monade
Hat bekanntlich keine Fenster
Diese Fenster sind Fassade
Und die Putzer sind Gespenster: Unbezweifelbar real
Ist dagegen der Kanal.« (BS, 226 f.)

Ein anderes Beispiel ist der *gesang des alten mosellaners* von 1957:

»die menschheit wird jetzt integriert
die mosel wird kanalisiert
das sakrament bleibt umgebogen
dem laien bleibt der kelch entzogen

verborgen bleibt der liebe gott
die ganze welt wird melting pot
die automatik wird global
dem laien reicht man veronal« (BS, 232)

1954 besorgt Schmitt eine Neuauflage der *Verfassungslehre*. 1958 veröffentlicht er *Verfassungsrechtliche Aufsätze aus den Jahren 1924-1954* als *Materialien zu einer Verfassungslehre* mit spitzen Glossen auch zur Bundesrepublik. Die Diagnose von der Selbstauflösung des »bürgerlichen Rechtsstaats« in den »totalen« Verwaltungsstaat der Industriegesellschaft sowie die anschließende These vom »Ende der Epoche der Staatlichkeit« lassen Schmitt die Eigenart des Grundgesetzes jenseits der Kategorien seiner *Verfassungslehre* suchen. Das gesamte staatsrechtliche Werk ist eine einzige Diagnose des Verfassungswandels vom bürgerlichen Rechtsstaat zum »totalen« Wirtschafts- und Verwaltungsstaat der Industriegesellschaft.[122] Mit der Bundesrepublik sieht Schmitt sich vor die Tatsache gestellt, dass die Wendung zur Wirtschafts- und Sozialverfassung keinen Bruch mit dem »bürgerlichen Rechtsstaat« herbeiführte. Das Rechtsgutachten *Rechtsstaatlicher Verfassungsvollzug* erörtert das »Problem der Vereinbarkeit von Rechtsstaat und Sozialisierung« (VRA, 457) am konkreten Fall. Schmitt fragt, was das Festhalten am Rechtsstaatsprinzip für das Rechtsinstitut der Sozialisierung bedeutet, und wendet sich gegen die Sozialisierung durch »unmittelbaren Verfassungsvollzug«. Gegen einen solchen Verfassungsvollzug, der einzelne Verfassungsbestimmungen zum Hebel und »Instrument einer automatischen Industrienahme« (VRA, 488) macht, optiert er für einen »rechtsstaatlichen Verfassungsvollzug«, der die »rechtsstaatliche Bedeutung der Zwischenschaltung des Gesetzes in den Verfassungsvollzug« (VRA, 460) beachtet. Prozesstaktisch argumentiert Schmitt also erneut mit Rechtsstaatsprinzipien.

Dabei legt er den Finger auf eine bestimmte Formulierung. Das Grundgesetz legt fest (GG Art. 14 Abs. 3): »Eine Enteignung darf nur *durch Gesetz oder auf Grund eines Gesetzes* erfolgen.« Schmitt betont die »Verschiedenheit der beiden Formeln« (VRA, 468). Die Enteignung »durch Gesetz« nennt er einen »unmittelbaren« Verfassungsvollzug, die Enteignung »auf Grund eines Gesetzes« dagegen den einzig akzeptablen »rechtsstaatlichen Verfassungsvollzug«. Es widerspreche dem Rechtsstaatsprinzip, Sozialisierungen unmittelbar durch die Verfassung regeln zu wollen. Schmitt betont nun die Schutzfunktion prozeduraler Formen. Er entdeckt den liberalen Sinn des früher als »Funktionsmodus« gescholtenen Gesetzes. Was aber zunächst als Rückkehr zum »bürgerlichen Rechtsstaat« erscheint, fügt sich, genauer betrachtet, durchaus in die Diagnose vom Ende der Epoche der Staatlichkeit infolge der Wendung zur Industriegesellschaft.

Die grundsätzliche Stoßrichtung ist in der Schrift *Die Tyrannei der Werte* ausgeführt, die die »Logik« des Wertdenkens im »Licht des rechtsstaatlichen Verfassungsvollzugs« (TW, 51) betrachtet und die Entwicklung des (Verfassungs-)Richters zum »unmittelbaren Wertvollzieher« (TW, 62) kritisiert. Sie argumentiert auf drei Ebenen: Schmitt begreift das »ökonomische Denken« als »Wertdenken« (TW, 40), hält geistesgeschichtliche Rückschau auf dessen Heraufkunft und kritisiert die Auffassung vom Grundgesetz als Wertordnung (TW, 38 f., 44). Da in der Verfassungsauslegung die »geisteswissenschaftliche Richtung« und Schule Rudolf Smends dominiert, ist *Die Tyrannei der Werte* gleichzeitig eine Auseinandersetzung mit einem Weimarer Gegenspieler und dessen konkurrierender Schule. Schmitt meint nun, dass gerade die »materiale Wertethik« (M. Scheler, N. Hartmann), die sich der objektiven Geltung bestimmter Werte durch ein philosophisches »System« versichert, faktisch nur die Gewissheit subjektiver Wertüberzeugungen steigert und einen aggressiven »Geltungsdrang« der eigenen Wertüberzeugungen entzündet. (TW, 46 f.) Solche Wertüberzeugungen beanspruchen eine unmittelbare, jeder weiteren Diskussion enthobene Geltung und entfalten eine Logik der »immanenten Aggressivität«, die inquisitorisch nach »Vollzug und Vollstreckung« dränge. Schmitt deutet an, dass er den unmittelbaren Verfassungs- und Wertvollzug nicht für eine spezifisch juristische Denkart hält. Die entscheidende Stelle lautet: »[...] der unmittelbare Wert-Vollzug zerstört den juristisch sinnvollen Vollzug, der nur in konkreten Ordnungen auf Grund von festen Satzungen und klaren Entscheidungen vor sich geht. Es ist ein verhängnisvoller Irrtum zu glauben, die Güter und Interessen, Ziele und Ideale, die hier in Frage stehen, könnten durch ihre *Verwertung* vor der Wertfreiheit moderner Naturwissenschaftlichkeit gerettet werden. Werte und Wertlehren vermögen keine Legitimität zu begründen; sie können eben immer nur verwerten.« (TW, 45; vgl. TW 55) Schmitt lässt damit den Schluss zu, dass er das die Bundesrepublik kennzeichnende Wertdenken gar nicht für ein juristisches Denken hält, sondern für einen Zwangsvollzug, der die menschliche Freiheit zerstört. Ähnlich wie in seinen späten völkerrechtlichen Schriften gelangt er zu einer Diagnose der Auflösung elementarer Voraussetzungen des Rechtsdenkens. Vor diesem Hintergrund sind seine Ausführungen zur »Wertfreiheit« zu lesen. Die Bemerkungen zum Methodenideal des Wertdenkens bleiben aber ebenso Andeutung wie die Verwahrung der Metaphysik gegen ihre »Verwertung«.[123]

Politische Theologie II als Selbstdeutung und als Konzept

Schmitts letzte Schrift, *Politische Theologie II. Die Legende von der Erledigung jeder Politischen Theologie*, wurde vielfach als ungefüges Alterswerk abgetan. Schon das Thema, die Zurückweisung von Erik Petersons theologischer Kritik an der Schrift *Politische Theologie*, erschien allzu selbstbezogen und marginal. Genauer bedacht, ist aber auch diese späte Schrift überaus klar und wichtig. Erik Peterson (1890-1960) war ab 1924 Schmitts

Kollege in Bonn. Die beiden freundeten sich an, gerieten 1933 jedoch in Dissens.[124] 1935 publizierte Peterson eine kurze theologische Abhandlung, *Der Monotheismus als politisches Problem*, mit der Schmitt sich 1970 auseinander setzt. Die Kontroverse um das Verhältnis von Theologie und Politik ist zu dieser Zeit durch die sog. »Theologie der Befreiung« wieder aktuell. Schmitt nimmt mit seiner Metakritik indirekt auch zur einsetzenden Schmitt-Forschung Stellung. Er schreibt der Forschung eine Legende vor, eine Leseanweisung zum undogmatisch-christlichen Sinn seines Gesamtwerks, antwortet damit insbesondere auf Hasso Hofmanns Studie *Legitimität gegen Legalität* und wiederholt so jene autoritative Klarstellung, die er 1933 schon gegenüber Leo Strauss vornahm: Bei seinem Werk handle es sich um politische Theologie und nicht um Philosophie.

Die *Politische Theologie II* gliedert sich in drei Teile. Sie erläutert zunächst den Inhalt der »Legende von der endgültigen theologischen Erledigung«, sodann das »legendäre Argument« sowie schließlich die Tragweite der »legendären Schlußthese«. Im ersten Teil weist Schmitt zunächst Petersons Kritik als typisches Produkt der protestantischen Krisentheologie der Jahre zwischen 1925 und 1935 zurück, die von einer ebenso protestantischen wie liberalen »Fiktion ›reiner‹ und ›sauberer‹ Trennungen von Religion und Politik« (PT II, 24) ausgehe. Er geht dann zu Hans Barions Kritik der politischen Theologie über, die er in der *Politischen Theologie* positiv rezipierte und »in das Gefolge eines Eusebius« einreihte. Schmitt akzeptiert den umstrittenen Bischof und Hoftheologen Eusebius als positive Identifikationsfigur und würdigt seinerseits den katholischen Kirchenrechtler (Kanonisten) Barion.[125] Zwar gehe auch Barion von der (situationsunangemessenen) Zwei-Reiche-Lehre des Augustinus aus, gibt dann aber doch einen Überblick über den »Weg der Entwicklung der Politischen Theologie im Prozeß der Neuzeit«, der Schmitts Sicht der Gesamtrichtung nahe kommt. Die scheinbar so bescheidene Frage, ob durch die Widmung der *Politischen Theologie II* an Barion »nicht der Eindruck einer inadäquaten Geste entsteht« (PT II, 10), ist pure Ironie. Tatsächlich unterstellt Schmitt seine theologische Kompetenz nicht dem Urteil des Kanonisten, sondern gibt Barion nur ein relatives Recht gegen Peterson.

Im zweiten Teil prüft er das »legendäre Dokument« in seiner argumentativen Tragweite. Dafür sondiert er die einschlägigen Publikationen Petersons und zeigt dann auf, dass Peterson bei seiner Erörterung des antiken Monarchismus als politisches Problem seinerseits politisch-theologisch argumentiert und einen »partei-politischen Schlager der liberalen Bourgeoisie des enttheologisierten 19. Jahrhunderts« (PT II, 53) unhistorisch auf den antiken Monarchismus überträgt. Peterson untersucht politische Voraussetzungen der Entwicklung monotheistischer Konzepte, schrickt aber – nach Schmitts Darstellung – dogmatisch davor zurück, dieses Verfahren auch auf den christlichen Bereich anzuwenden. Statt seine Fragestellung auf die Erkenntnis der politisch-theologischen Verfassung der christlichen und modernen Welt auszudehnen, habe sich Peterson mit der dogmatischen Formel des hl. Gregor von Nazianz beruhigt, dass für die Trinität »keine stasis mehr denkbar wäre« (PT II, 63). Diese Auffassung lehnt Schmitt ab; er kritisiert, dass Peterson abstrakte Dogmen zum Richtmaß der fortgeschrittenen historisch-politischen Lage erhebt. Schmitt führt aus, dass Peterson nur den antiken Monotheismus beschreibt und lediglich eine bestimmte politisch-theologische »Umbesetzung«, nämlich die »hellenistische Umbildung des jüdischen Gottesglaubens«, untersucht, weshalb seine Schlussfolgerungen »keine allgemein gültigen Aussagen über die Politische Theologie im ganzen erbringen können« (PT II, 67).

Schmitt wendet sich dann gegen Petersons Diskriminierung von »Eusebius als Prototyp politischer Theologie«. Er besteht mit Eusebius auf der politischen Wahrnehmung des Dogmas und auf einer heilsgeschichtlichen Sicht des Politischen. Der christliche Äon sei ein Interim der Erwartung der Wiederkunft des Herrn. Dem frommen Laien könne die heilsgeschichtliche Deutung politischer Ereignisse als »Walten der Vorsehung« nicht verwehrt werden. Schmitt wird noch deutlicher: Die – 1929 zwischen Mussolini und dem Papst abgeschlossenen – »Lateran-Verträge waren damals für Millionen frommer römisch-katholischer Christen ein Ereignis von providentieller Bedeutung« (PT II, 79). Und der Makel Eusebius' war derjenige Schmitts im Dritten Reich: Er feierte das Imperium als »Sieg des Einen wahren Gottes-Glaubens über den Polytheismus«, ohne jedoch den Kaiser oder Führer mit dem transzendenten Gott oder mit Christus zu verwechseln. Schmitt nimmt hier für sich in Anspruch, das Dritte Reich in diesem Sinne ausgedeutet zu haben. Er bestreitet den Vorwurf der Ideologie, Propaganda und Rhetorik und gibt ihn an Peterson zurück. Er nimmt die Konfrontation auf, indem er Petersons Konfrontation von Eusebius und Augustinus als die »Überlegenheit eines Spätergeborenen und Ex-post-Beurteilers« (PT II, 90) zurückweist.

Im dritten Teil prüft Schmitt die Aussagekraft der »legendären Schlußthese«. Er zeigt nun deutlicher auf, dass Peterson ihn im Namen der Theologie diffamierte. Schmitts Auseinandersetzung mit Peterson endet mit dem Nachweis, dass dessen Erledigungsthese tatsächlich ein besonders heimtückischer Fall von politisierender Theologie ist: eine bestimmte Form theologischer »Kritik« (PT II, 19), die Schmitt für das »Wesen des Protestantismus« hält. Peterson kritisiert aus einer »Antithese theologisch-juristisch« heraus, die zur (Reformations-)Zeit der Umbesetzung von der Kirche zum Staat aktuell war, im 20. Jahrhundert aber nur noch zu »Vermischungen« führt, die sachlich keine weitere Bedeutung haben.

Nachdem Schmitt derart seine politisch-theologische Kompetenz und Integrität gegen Peterson behauptet hat, geht er zur politisch-theologischen Kritik der Legitimität der Neuzeit über. Im Nachwort entwirft er ein Gegenbild zu Hans Blumenbergs *Legitimität der Neuzeit* (1966), das als Schlusswort und Werkabschluss gedacht ist. Schmitt reflektiert das Verhältnis von Staat und Gesellschaft theologisch im Spiegel trinitarischer Spekulationen über das Verhältnis von »Schöpfergott und Erlösergott« (PT II, 120). Er spricht von dem »christologisch-politischen Konflikt«, dass Vater und Sohn »sozusagen von selbst Feinde« seien, betrachtet Christus als einen »prometheischen« Rebell Gottes und nennt es ein »Beispiel christologischer Einsicht«, »das Problem der Politischen Theologie unter die Frage nach dem Feind zu stellen« (PT II, 123).

Schmitt wiederholt diese zentrale Formulierung dreimal. (PT II, 86, 116, 123) Es ist zunächst kaum verständlich, weshalb er Politik und Theologie derart in christologische Spekulationen zusammenführt und dabei auf Hegels Verhältnisbestimmung von Reformation und Revolution (PT II, 11, 92, 121) zu sprechen kommt. Doch nach den kritischen Bemerkungen zu den Grenzen von Petersons Dogmatik ist klar, dass Schmitt das theologische Dogma als einen Reflex der politischen Auseinandersetzungen auffasst. Er skizziert dabei drei Etappen: von Hobbes über Hegel zu Schmitt. Die Neuzeit sei durch den Übergang des politischen Entscheidungsprimats von der Kirche über den Staat zur Gesellschaft gekennzeichnet. Hobbes konnte noch die »klare staatliche Alternative« finden, schreibt Schmitt. Doch diese Vollendung der Reformation[126], diese Trennung von Kirche und Staat, war nicht von Dauer. Hegel stand dann vor dem Problem, dass die protestantische Kritik vor dem Staat nicht

Halt machte. Er unternahm deshalb einen zweiten Versuch der Vollendung der Reformation. Doch auch dieser Versuch führte zu neuen Gegenbegriffen. Es kam zu einer linkshegelianischen Umdeutung seiner Christologie in eine »Pseudo-Religion der absoluten Humanität«, die – nach Schmitts dramatisierender Darstellung – »den Weg zu einem unmenschlichen Terror« (vgl. DC, 108; NE, 72 f.; GM, 8 ff.) eröffnete.[127] Die politisch-theologische Problematik weitet sich damit zu einem »modernen Kirche-Staat-Gesellschaft-Problem« (PT II, 23, vgl. 86) aus. Dieses Problem sieht Schmitt dadurch gekennzeichnet, dass die Politisierung der Gesellschaft jedes Individuum dazu ermächtigt, die Autorität infrage zu stellen. Diesen Prozess der Emanzipation des Individuums begreift er als Vollendung der Reformation. Die Vollendung der Reformation als politische Emanzipation des Individuums bestimmt nach Schmitt die Dynamik der Neuzeit. Die »metaphysische Formel« (PR, 22) für diese Ermächtigung nennt er »politische Christologie«. Die humanistische Verkehrung der Christologie entpuppt sich dabei, so Schmitt, in ihren Folgen als eine horrible »homo-homini-homo-Eschatologie« (PT II, 37), in der sich der Mensch selbst zum tödlichen Feind wird, weil er keine andere Grenze mehr kennt. Auf den letzten Seiten seiner *Politischen Theologie II* skizziert Schmitt ein Schreckensbild von der Selbstzerstörung des modernen Menschen. Seine politische Theologie macht bei Hegels Christologie der »Versöhnung« nicht Halt, sondern nimmt noch die neuere Erfahrung der Selbstzerstörung in das Bild vom modernen Menschen auf. Anders als Hegel betont Schmitt die »Nicht-Identität von Vater und Sohn« (PT II, 71) und die »Transzendenz« Gottes. (Vgl. BP, 122; BS, 299)

Die *Politische Theologie II* argumentiert demnach in drei Schritten. Schmitt verteidigt zunächst die eigene politisch-theologische Kompetenz gegen Peterson, skizziert dann eine kühne politische Deutung der Dogmenentwicklung und exponiert zuletzt einen theologischen Begriff von der »Transzendenz« Gottes. Anders als Peterson setzt er das Dogma nicht dogmatisch voraus, sondern sucht es als »metaphysische Formel« zu fassen. Er bindet die Theologie nicht an den christlichen »Gehorsam des Glaubens«[128], vielmehr hält er eine religiös indifferente, wissenschaftliche Theologie für möglich. Schmitts *Politische Theologie II* erneuert einen undogmatisch-theologischen Anspruch und insistiert auf der politisch-theologischen Vertretbarkeit der eigenen Haltung.

6. Auseinandersetzungen mit Carl Schmitt

Transformationen durch Schüler

Als Schmitt 1945 seinen Lehrstuhl verliert, ist er noch keine sechzig Jahre alt. Er kann zwar auf ein gewaltiges Werk zurückblicken, hat aber noch ein langes Leben vor sich. Zunächst steht die Regelung einer schwierigen, strittigen Lebenslage an. Dazu kommt die Aufgabe der intellektuellen Bewältigung der Geschehnisse. Doch Schmitt will auch die Gegenwart in seiner Weise verstehen. Er sucht das Gespräch gerade mit den Jungen, wie Odo Marquard[129] aus der Erinnerung meint, »um bei ihnen und in ihrer Zukunft als der präsent zu sein, der er gerne gewesen wäre«. Die Menschen begegnen ihm unterschiedlich. Der »Fall« zwingt zur Stellungnahme. Lehnt man Schmitt als Nationalsozialist ab oder akzeptiert man ihn mit seiner Geschichte als eine letztlich doch irgendwie integre Person? Wer nach 1945 seinen Umgang sucht, muss sich diese Frage beantworten. Wer sich für Schmitt entscheidet, tritt in die »politische Geistesgeschichte« der frühen Bundesrepublik ein und nimmt an der Formierung eines Gegendiskurses zum politischen Hauptstrom teil. Dirk van Laak[130] zeigt anhand des Nachlasses, wie Schmitt nach 1945 als eine »Art Fernuniversität in einer Person« wirkt. Van Laak setzt mit der Lage 1945 ein, beschreibt die allmähliche Organisation eines sozialen Netzwerks existenzieller Versorgung und Selbstbehauptung und parallelisiert Schmitts Situation mit derjenigen anderer belasteter Intellektueller. Er schildert Schmitts irritierende Präsenz in den Debatten der Fünfzigerjahre um die Stabilisierung der jungen Republik und Verfassung und skizziert die universitäre Wirkung auf die verschiedensten Fächer, insbesondere auf die Kreise um den Münsteraner Philosophen Joachim Ritter und den Heidelberger Staatsrechtler Ernst Forsthoff.

Wissenssoziologisch lässt sich eine Schulbildung an Kriterien wie akademischer Schülerschaft und Protektion, organisatorischer Zentrierung um Institutionen und Projekte oder inhaltlicher Weiterführung bestimmter Thesen und Methoden festmachen. Eine solche Schulbildung erfolgt nach 1945 über die akademisch etablierten Schüler. So lässt sich durchaus von einer staatsrechtlichen Schmitt-Schule sprechen. Weil deren akademisches Profil aber von den Nachbardisziplinen der Geschichtswissenschaft und Politikwissenschaft mitbestimmt ist, lassen sich auch einige prominente Historiker zur Schule im weiteren Sinne zählen. Der Zwang zur selbstständigen Aneignung seines Denkens ergibt sich dabei schon aus Schmitts Hinweis auf die fundamentale Geschichtlichkeit aller Positionen und Begriffe. Grundsätzlich betont Schmitt, dass alle »politischen Begriffe, Vorstellungen und Worte einen *polemischen* Sinn« (BP, 31; vgl. HP, 5) haben. Bei jeder Begriffsbildung lässt sich fragen, gegen wen sie sich richtet. Schmitt führt diese historisch-politische Lesart in seiner Sicht der Verfassungsgeschichte vor. Die staatsrechtliche Schule bewegt sich im Rahmen dieses Geschichtsbildes.[131]

Ernst Rudolf Huber hat dabei von Anfang an eine politisch wie verfassungstheoretisch selbstständige Position. Er konzipiert seine Verfassungstheorie mit Hegel und Smend stärker nationalistisch und bewegungsorientiert. Insbesondere durch sein Lehrbuch *Verfassung* nach 1937 »als der eigentlich führende Autor angesehen«[132], ist Huber nationalsozialistisch stark belastet und kann erst relativ spät auf einen akademisch eher randständigen Lehrstuhl zurückkehren. Er nimmt nach 1945 aber eine eindrucksvolle Revision vor und bestimmt das Verhältnis von Nationalstaat und Verfassungsstaat neu.[133] Auch Ernst Forsthoff ist zwar insbesondere durch seine antisemitischen Einlassungen in der Programmschrift *Der totale Staat* von 1933 belastet, geht jedoch schon relativ früh auf Abstand und kann sich deshalb in der Bundesrepublik recht schnell etablieren. Forsthoff vollzieht nicht nur Schmitts verfassungsgeschichtliche Diagnose nach und zieht die Konsequenzen für den Staat der Industriegesellschaft, sondern bedenkt auch auf rechtstheoretisch-grundsätzliche Weise das Problem einer Integration der Sozialstaatlichkeit in den Rechtsstaat.[134] Dieses Problem musste gelöst werden. An ihm hing die Möglichkeit einer Weiterführung der Verfassungstheorie. Denn nach Schmitts Analysen basierten die Prinzipien des »bürgerlichen Rechtsstaats«, das Verteilungsprinzip der Grundrechte und das Organisationsprinzip der Gewaltenunterscheidung, auf dem »rechtsstaatlichen Gesetzesbegriff« und dessen Postulat der Allgemeinheit des Gesetzes. Diese Allgemeinheit entfiel aber, so Schmitt, mit der Wendung zum politischen Maßnahmegesetz des Exekutivstaates. Damit stand die Aktualität von Schmitts Verfassungstheorie insgesamt infrage. Sie war nur zu retten, wenn der Gesetzesbegriff neu überdacht wurde. Forsthoff nimmt die rechtstheoretische Auseinandersetzung auf. Eine überzeugende Antwort gibt allerdings erst Böckenförde.[135] Die Linie einer rechts- und verfassungstheoretisch reflektierten Transformation läuft deshalb über Forsthoff zu Böckenförde. Andere Schüler, wie Werner Weber[136] und Joseph H. Kaiser[137], adaptieren dagegen nur Schmitts Diagnose eines Verfassungswandels in der eingehenden Beschreibung der Repräsentation organisierter Interessen. Roman Schnur[138] entwickelt darüber hinaus eine europäisch vergleichende Perspektive und legt interessante ideengeschichtliche Untersuchungen in den Spuren Schmitts vor.

Die wichtigste Revision und Anverwandlung von Schmitts Verfassungslehre liegt mit dem Werk Ernst-Wolfgang Böckenfördes vor. Ausgehend von einer Rekonstruktion des rechtsstaatlichen Gesetzesbegriffs und einer Rehabilitierung des »organischen Liberalismus«[139], hat Böckenförde beinahe mit jeder seiner Arbeiten Schmitts Werk in politisch-theologischer Perspektive liberal umgedacht.[140] Der liberale Kern seiner Anverwandlung liegt in der Betonung der letztverantwortlichen Glaubens- und Gewissensfreiheit des Einzelnen, verstanden als Freiheit für den Glauben, und in seiner Abkehr vom »Irrationalismus«, verbunden mit einer kantianisierenden Rückbesinnung auf die freiheitsverbürgende Allgemeinheit des rechtsstaatlichen Gesetzes. Böckenfördes Werk unterscheidet sich in theologischer Hinsicht von Schmitt durch das Postulat der Glaubensfreiheit des Einzelnen, in politischer durch die Wiederentdeckung der Allgemeinheit des Gesetzes für die Normallage der Bundesrepublik.[141] Die Konsequenz dieser Umdeutung kann hier nicht nachgezeichnet werden. Ihre Bedeutung ist aber kaum zu überschätzen. Ohne diese subtile rechts- und verfassungstheoretische Transformation wäre Schmitts Verfassungslehre mit ihrer antiliberalen Auslegung der Volkssouveränität heute systematisch überholt. Dabei ist Böckenförde ein scharfer Kritiker der Entwicklung des bundesdeutschen Verfassungsdenkens. Er akzeptiert Schmitts Einwände gegen die »Wertbegründung« der Verfassung und kritisiert die Depotenzierung der Volkssouveränität in der Entwicklung zum »Jurisdiktionsstaat«, der die Souveränität auf die höchste Gerichtsbarkeit verlagert. Damit verteidigt er die Souveränität der gesetzgebenden Gewalt im Verfassungsstaat.

Weil Staatsrechtler ihre Legitimitätskriterien derart thematisieren, sind ihre normativen Urteile relativ unproblematisch. Man kann sich zu ihnen stellen, weil sie im Rahmen einer Normgeltungstheorie begründet sind. Ähnlich steht es um die Philosophen. Auch sie thematisieren die Normgeltungsfragen offen. Fachhistoriker dagegen begründen ihre normativen Voraussetzungen im Rahmen ihres Faches in der Regel nicht. So stellt Christian Meier Schmitts Diagnose vom »Ende der Epoche der Staatlichkeit« zwar die *Entstehung des Politischen bei den Griechen* (1980) entgegen und misst die Gegenwart an diesen »klassischen« Standards demokratischer »Kultur«, begründet die Standards aber nicht weiter. Reinhart Koselleck nimmt in seinem Werk *Kritik und Krise* eine politische Betrachtung der Kritik, d.h. moralischer Ansprüche in der Politik, vor, die eine systematisch angemessene Diskussion des Verhältnisses von Moral und Politik tabuisiert.[142] Als ein sachlich verbindendes Kennzeichen der Schmitt-Schule kann man demnach eine bestimmte Art politischer Geschichtsbetrachtung ausmachen, die die fundamentale Geschichtlichkeit aller politischen Positionen, Begriffe und Formen sowie das Politikum moralischer Ansprüche in der Politik betont, ohne die normativ-praktische Betrachtungsweise und Wirkabsicht deshalb aufzugeben. Die Schmitt-Schüler unterscheiden sich jedoch in der Frage, ob sie ihre normativ-praktische, politische Perspektive ihrerseits rechtswissenschaftlich oder philosophisch ausweisen und begründen oder ob sie das Politikum normativer Ansprüche politisch tabuisieren.

Einwände philosophischer Kritiker

Jenseits dieser Kreise wird Schmitt zwiespältig rezipiert. Man lernt zwar von seinen Diagnosen, lehnt aber seine illiberalen Antworten ab. Schmitt gilt als der letzte Vertreter des »Problems der deutschen Staatsanschauung« (W. Hennis), das man mit der Gründung der Bundesrepublik endlich lösen wollte. Bei einem führenden Zeithistoriker wie Karl Dietrich Bracher wird Schmitt mit der Wendung zur zeithistorischen Kontroverse deshalb vom – in den Fußnoten zitierten – Diagnostiker zum »Wegbereiter der Zerstörung«, »Totengräber« Weimars und Kronjuristen Hitlers.[143] Die Ende der Fünfzigerjahre herrschende Meinung fasst Kurt Sontheimer bündig zusammen. Seine Besprechung der *Verfassungsrechtlichen Aufsätze* bestreitet Schmitt die »Loyalität« gegenüber der Weimarer Verfassung durch den Nachweis der selbstrechtfertigenden Tendenz der Sammlung.[144] Das Standardwerk *Antidemokratisches Denken in der Weimarer Republik* (1962) rechnet »die deutsche Staatsrechtslehre der Weimarer Republik« dann in ihrer positivismuskritischen Linie insgesamt zum antidemokratischen Denken und nimmt lediglich Hermann Heller aus – auch dies ein repräsentatives Urteil. Diese historisch-politische Kritik ist letztlich nur dann begründet, wenn die normativen Urteilskriterien ihrerseits ausgewiesen sind. Eine philosophische Kritik an Schmitt findet sich beispielsweise bei Dolf Sternberger und Jürgen Habermas.

Sternberger, einer der Väter der bundesdeutschen Politikwissenschaft, setzt sich von Schmitt um einer politischen Philosophie vom Verfassungsstaat willen ab, die die moralischen Werte des Friedens, der bürgerlichen Vereinbarung und der Staatsfreundschaft betont. Seine Gegenposition zu Schmitt nennt er programmatisch im Titel seiner Heidelberger Antrittsvorlesung, *Begriff des Politischen. Der Friede als der Grund und das Merkmal und die Norm des Politischen* (1961). Es scheint billig, den Frieden gegen Schmitts Begriff des Politischen auszuspielen. Sternberger nimmt damit aber einen grundsätzlichen Perspektivenwechsel vor. Er antwortet auf Schmitts rein politische Betrachtung, die das Faktum politischer »Assoziation« und »Dissoziation« als Begriffskriterium hervorhebt, mit einer moralischen Betrachtung des politischen Zwecks. Während Schmitt das bloße Faktum von

Politik allererst zu identifizieren sucht, fragt Sternberger nach einem Kriterium »guter« Politik. Er beschreibt Politik nicht nur, sondern gibt ihr auch eine Orientierung. Er fragt nicht, was Politik ist, sondern wozu sie taugt. Was den Frieden als Grund und Merkmal und Norm kennzeichnet, das bedarf einer philosophischen Klärung, die Sternberger mit Aristoteles entwickelt.

Franz Neumann und Otto Kirchheimer begründeten einen Links-Schmittismus[145], der auf die Frankfurter Schule wirkte. Die Debatte um diesen Einfluss wird gelegentlich etwas denunziativ geführt. Der von Ellen Kennedy[146] formulierte Verdacht lautet vereinfacht, dass noch Jürgen Habermas von den frühen politischen Schriften bis in die Deutung der Friedensbewegung der Achtzigerjahre hinein um den Preis ideologischer Verblendung von Schmitt beeinflusst sei. Eine genauere Prüfung zeigt aber, dass Habermas in die Reihe jener bundesrepublikanischen Kritiker gehört, die sich um der Vergangenheitsbewältigung willen mit Schmitt auseinander setzen. Nicht weniger als vier seiner Aufsätze widmen sich Schmitt eingehender. Eine erste Klarstellung ist die Replik *Die Schrecken der Autonomie*.[147] Sie grenzt abschließend den eigenen, kommunikationstheoretisch entwickelten Begriff der »normativen Grundlagen der Demokratie« von Schmitt ab. Demnach hält Habermas nicht Schmitts Liberalismuskritik für fruchtbar, sondern dessen Überlegungen zu den normativen Grundlagen der Demokratie. Dazu heißt es: »Aber man muß nicht, wie Carl Schmitt und später Arnold Gehlen, einem Hauriouschen Institutionalismus anhängen und an die *stiftende* Kraft von Ideen glauben, um der *legitimierenden* Kraft des Selbstverständnisses einer etablierten Praxis eine nicht unerhebliche faktische Bedeutung beizumessen. In diesem trivialeren Sinn kann man das Interesse an den geistesgeschichtlichen Grundlagen der parlamentarischen Gesetzesherrschaft auch verstehen.«[148]

Eine zweite eingehendere Auseinandersetzung ist der Besprechungsaufsatz *Carl Schmitt in der politischen Geistesgeschichte der frühen Bundesrepublik*[149] über Dirk van Laaks Studie. Auch Habermas sieht das »staatstragende Element« der Wirkungsgeschichte, unterscheidet Schmitt aber stärker von seinen liberalen Rezeptionen. Schmitt habe sich als Besiegter von 1945 verstanden und ein verbreitetes »Bedürfnis nach deutschen Kontinuitäten« artikuliert. Seine Wirkungsgeschichte repräsentiere deshalb nicht nur eine liberale akademische Rezeption, sondern auch die Kontinuität des Nationalismus. Neuere Studien zur politischen Theorie machen die grundsätzliche Ablehnung von Schmitts Verfassungslehre deutlich. Habermas kritisiert Schmitts nationalistische Auslegung der Demokratie und spricht von einer »Substantialisierung des Staatsvolkes« zur »Gleichartigkeit von Volksgenossen«[150]. Dagegen vertritt er eine »prozeduralistische« Auffassung von der demokratischen Willensbildung in universalistischer, weltbürgerlicher Perspektive. Seine umfangreichste Auseinandersetzung erfolgt deshalb im Rahmen einer Konfrontation mit Kant. Habermas konzentriert sich dabei auf das *Glossarium* sowie auf Schmitts späte völkerrechtliche Schriften. Er bezieht keine pazifistische Gegenposition, sondern wendet sich nur gegen die pauschale politische Verwerfung jeglicher moralischer Rechtfertigung von Kriegen. Habermas schreibt: »Der wahre Kern [von Schmitts Kritik] besteht darin, daß eine *unvermittelte* Moralisierung von Recht und Politik tatsächlich jene Schutzzonen durchbricht, die wir für Rechtspersonen aus guten, und zwar moralischen Gründen gewahrt wissen wollen.«[151] Und weiter heißt es: »Die richtige Antwort auf die Gefahr der unvermittelten Moralisierung der Machtpolitik ist daher ›nicht die Entmoralisierung der Politik, sondern die demokratische Transformation der Moral in ein positiviertes System der Rechte mit rechtlichen Verfahren ihrer Anwendung und Durchsetzung.‹ Der

Menschenrechtsfundamentalismus wird nicht durch den Verzicht auf Menschenrechtspolitik vermieden, sondern allein durch die weltbürgerliche Transformation des Naturzustandes zwischen den Staaten in einen Rechtszustand.«[152]

In Übereinstimmung mit Schmitt lehnt Habermas demnach eine direkte Moralisierung des Völkerrechts ab. Er argumentiert aber für die Entwicklung rechtlicher Verfahren zur Realisierung moralischer Ansprüche in der Politik. Schmitt hat immer wieder darauf hingewiesen, dass die »Totalität« des Politischen das »Schicksal« (BP, 76 f.) bleibe. Gleiches ließe sich für das Moralische sagen. Schmitts politische Denunziation moralischer Ansprüche in der Politik ist deshalb keine Lösung. Sie optiert nur für eine bestimmte Verhältnisbestimmung. So beruht der Standpunkt des klassischen Völkerrechts auf einer moralisch-politischen Bejahung des Rechts zum Krieg. Er verrechtlicht eine historisch bestimmte Verhältnisbestimmung von Moral und Politik. Weil Schmitt das Ende der Epoche der Staatlichkeit sieht, müsste auch er eigentlich für die Weiterentwicklung des Völkerrechts und für eine neue Verhältnisbestimmung von Moral, Politik und Recht argumentieren. Er tut es aus politischen Gründen nicht: Weil er das »besiegte« Deutschland erneut nur als Objekt des Völkerrechts ansieht, besteht er strategisch auf dem staatlichen Souveränitätsprinzip. Habermas' »nationalistische« Auffassung von Schmitts Verfassungsbegriff ließe sich zwar mit dem Begriff des Politischen etwas relativieren: Schmitt identifiziert nicht jede politische Einheit mit einem »substanzialistischen« Nationsverständnis, sondern betont im Gegenteil den geschichtlichen Entscheidungscharakter jeder politischen »Substanz«. Die Kritik an Schmitts politischer Denunziation moralischer Ansprüche in der Politik und die Forderung nach einer komplexeren Theorie treffen aber den Kern der Sache.

Statt eines Schlusses:
Der Begriff des Politischen und seine Grenzen

Schmitt ist weder Theologe noch Philosoph, wurde einleitend gesagt, sondern ein Jurist und politischer Verfassungslehrer. Es erschien als eine methodische Grenze, dass Schmitt von der kollektiven politischen Freiheit ausgeht und die individuelle Freiheit gegenüber dem allgemeinen politischen Willen, dem Volk als Nation, politisch denunziert. Die Einführung ließ diesen systematischen Einwand bislang zugunsten der entwicklungsgeschichtlichen Darstellung auf sich beruhen. Abschließend soll er für Schmitts grundlegende Schrift *Der Begriff des Politischen* verdeutlicht werden, die bisher nur im systematischen Zusammenhang mit der *Verfassungslehre* diskutiert wurde.

Der Text liegt in vier Fassungen (1927, 1932, 1933, 1963) vor. Die Fassung von 1933 enthält gegenüber der von 1932 einerseits einige nationalsozialistische Assoziationen[153], andererseits aber auch eine gegenläufige Tendenz der Verdeutlichung eines religiösen Vorbehalts gegenüber dem nationalsozialistischen Bellizismus. Die wichtigsten Änderungen betreffen den Wegfall der historischen Verortung der eigenen Begriffsbestimmung, den die Fassung von 1932 mit dem ersten Kapitel sowie dem Abdruck der Rede über *Das Zeitalter der Neutralisierungen und Entpolitisierungen* vornahm. Die Fassung von 1932 (wie auch die von 1927) beginnt mit der berühmten Eingangsformel: »Der Begriff des Staates setzt den Begriff des Politischen voraus.« Diese Fanfare fehlt 1933, zusammen mit Ausführungen zum Verlust des staatlichen Politikmonopols. Auch die Rede über *Das Zeitalter der Neutralisierungen und Entpolitisierungen* fehlt im Text von 1933. Der Titel ist eigentlich ironisch. Denn Schmitt zeigt, dass jeder Entpolitisierungsversuch nur in neue Politisierungen umschlägt. Es wäre deshalb am besten, meint Schmitt, die Politik dort zu belassen, wo sie am Beginn der Neuzeit war: nämlich beim religiös neutralisierten souveränen Staat. Dessen Politikmonopol ist aber zerfallen. Diese historischen Skizzen fehlen 1933, weil Schmitt das Problem mit der nationalsozialistischen Machtergreifung für gelöst hält. Der eröffnende Satz lautet hier: »Die eigentlich *politische* Unterscheidung ist die Unterscheidung von *Freund* und *Feind*.« 1933 bedurfte es keiner weiteren Hinweise auf das prekäre Verhältnis des Politischen zum Staat.

Die Fassung von 1963 ergänzt die von 1932 durch »ein Vorwort und drei Corollarien«. Die Benennung der drei kleineren Begleittexte als Korollarien unterstreicht den strengen Folgerungsanspruch dieser Anwendungen der Theorie auf neuere Entwicklungen. Die Weiterentwicklung der Theorie betrifft vor allem die Wendung zu völkerrechtlichen und wissenschaftsgeschichtlichen Untersuchungen, die im *Nomos der Erde* zusammengefasst sind, aber auch die weiteren Fragen nach suprastaatlicher Politik, wie sie die *Theorie des Partisanen* als *Zwischenbemerkung zum Begriff des Politischen* anzeigt.[154] Das Vorwort von 1963 nennt den Text von 1932 den »Versuch einer Antwort« auf »die Herausforderung« des drohenden Endes der »Epoche der Staatlichkeit«[155] und skizziert die »Weiterführung der Antwort«, die die *Theorie des Partisanen* gleichzeitig vorlegt. Die Fassung von 1963 verdeutlicht also die historische Situierung der Begriffsbildung, die mit dem Text von 1932 (anders als 1933) schon vorlag.

1932 beginnt Schmitt mit einer historischen Standortbestimmung und schließt dann die kriterielle Bestimmung an, die er mittels einer Abstraktion von anderen Kategorien entwickelt:

»Die spezifisch politische Unterscheidung, auf welche sich die politischen Handlungen und Motive zurückführen lassen, ist die Unterscheidung von *Freund* und *Feind*. Sie gibt eine Begriffsbestimmung im Sinne eines

Kriteriums, nicht als erschöpfende Definition oder Inhaltsangabe. Insofern sie nicht aus anderen Kriterien ableitbar ist, entspricht sie für das Politische den relativ selbständigen Kriterien anderer Gegensätze: Gut und Böse im Moralischen; Schön und Häßlich im Ästhetischen usw. [...] Die Unterscheidung von Freund und Feind hat den Sinn, den äußersten Intensitätsgrad einer Verbindung oder Trennung, einer Assoziation oder Dissoziation zu bezeichnen; sie kann theoretisch und praktisch bestehen, ohne daß gleichzeitig alle jene moralischen, ästhetischen, ökonomischen oder andern Unterscheidungen zur Anwendung kommen müßten. Der politische Feind braucht nicht moralisch böse, er braucht nicht ästhetisch häßlich zu sein; er muß nicht als wirtschaftlicher Konkurrent auftreten, und es kann vielleicht sogar vorteilhaft scheinen, mit ihm Geschäfte zu machen. Er ist eben der andere, der Fremde, und es genügt zu seinem Wesen, daß er in einem besonders intensiven Sinne existentiell etwas anderes und Fremdes ist, so daß im extremen Fall Konflikte mit ihm möglich sind, die weder durch eine im voraus getroffene generelle Normierung, noch durch den Spruch eines ›unbeteiligten‹ und daher ›unparteiischen‹ Dritten entschieden werden können. Die Möglichkeit richtigen Erkennens und Verstehens und damit auch die Befugnis mitzusprechen und zu urteilen ist hier nämlich nur durch das existentielle Teilhaben und Teilnehmen gegeben. Den extremen Konfliktsfall können nur die Beteiligten selbst unter sich ausmachen; namentlich kann jeder von ihnen nur selbst entscheiden, ob das Anderssein des Fremden im konkret vorliegenden Konfliktsfalle die Negation der eigenen Art Existenz bedeutet und deshalb abgewehrt oder bekämpft wird, um die eigene seinsmäßige Art von Leben zu bewahren.« (BP, 26 f.)

Für die Plausibilisierung des Kriteriums ist die Abgrenzung vom Moralischen besonders wichtig. Dadurch unterscheidet Schmitt den politischen Feind vom persönlichen Feind. Das verdeutlicht er im dritten Kapitel: »Feind ist nur der *öffentliche* Feind, weil alles, was auf eine solche Gesamtheit von Menschen, insbesondere auf ein ganzes Volk Bezug hat, dadurch *öffentlich* wird.« (BP, 29) Schmitt bezieht sich auf die antike Wortgeschichte und grenzt seinen politischen Feindbegriff in theologisch umstrittener Weise vom christlichen Liebesgebot ab. Wichtig ist hier, dass er den politischen Feind auf den »öffentlichen« Feind festlegt und von individuellen moralischen Feindbestimmungen unterscheidet. Die Festlegung auf den »öffentlichen« Feind konkretisiert er dann durch den Bezug auf Volk und Staat.

Im weiteren Text spricht er vor allem vom Staat als institutionelle Form der politischen Einheit, die über Feindschaft und Krieg entscheidet. Dabei denkt er an die Gegenwart der Nationalstaaten und an den Krieg als Selbstbehauptungskampf eines politisch organisierten Volkes. Er mag dabei die Lage Deutschlands im Hinblick auf Versailles und Genf vor Augen haben. Die Einschränkung des »öffentlichen« Feinds auf den Staatsfeind ist aber systematisch nicht zwingend. Sie resultiert aus einer gegenwartsbezogenen politischen Option für das fraglich gewordene Politikmonopol des Staates. Schmitt optiert für das staatliche Politikmonopol als das Recht, über Feindschaft und Krieg zu entscheiden. Obwohl er die Grenzen des staatlichen Politikmonopols sieht, argumentiert er doch für den Staat als maßgebende politische Einheit.

Es ist also zwischen einer politiktheoretischen Beschreibung und einer normativ-praktischen Stellungnahme zu unterscheiden. Schmitts Kriterium stellt faktisch keinerlei Entscheidung für ein bestimmtes politisches Subjekt dar. Es konstatiert einfach nur die »Totalität« des Politischen. Nach Schmitt bezeichnet das Politische »kein Sachgebiet, sondern nur den *Intensitätsgrad* einer Assoziation oder Dissoziation von Menschen« (BP, 38). Potenziell jeder Konflikt kann den Intensitätsgrad einer politischen Auseinandersetzung gewinnen. Um jede Kleinigkeit kann man sich derart streiten, dass der »Punkt des Politischen« erreicht und eine »neue Substanz der politischen Einheit« begründet wird. Potenziell alles kann derart politisiert werden, dass es darüber zum Ernstfall des Kriegs oder Bürgerkriegs kommt.

Gegenüber diesem Befund der Totalität des Politischen fragt Schmitt nach einem »vernünftigen Begriff von Souveränität und Einheit« (BP, 43) und findet ihn im Staatsbegriff des klassischen Völkerrechts. Der Staat habe das Kriegsrecht auf sich konzentriert und dadurch eine vollständige innerstaatliche »Befriedung« (BP, 46) erreicht. Diese innerstaatliche Pazifizierungsleistung gebe ihm das Recht, »Todesbereitschaft und Tötungsbereitschaft« von seinen Bürgern zu verlangen.

In den letzten beiden Kapiteln des *Begriffs des Politischen* zieht Schmitt keine weiteren staatstheoretischen Konsequenzen, sondern reflektiert die eigene Semantik. Er meint nun: »Man könnte alle Staatstheorien und politischen Ideen auf ihre Anthropologie prüfen und danach einteilen, ob sie, bewußt oder unbewußt, einen ›von Natur bösen‹ oder einen ›von Natur guten‹ Menschen voraussetzen.« (BP, 59). Er konstatiert einen »Gegensatz von sogenannten autoritären und anarchistischen Theorien« und stellt fest, dass »alle echten politischen Theorien den Menschen als ›böse‹ voraussetzen, d.h. als keineswegs unproblematisches, sondern als ›gefährliches‹ und dynamisches Wesen betrachten« (BP, 61). Für seinen anthropologischen »Pessimismus« beruft sich Schmitt auf die Tradition theologischer Erbsündedogmatiker ebenso wie auf die neuzeitliche Staatsphilosophie von Machiavelli über Hobbes zu Hegel. Mit dem Hinweis auf sein »anthropologisches Glaubensbekenntnis« entledigt er sich, anders etwa als Hobbes, der Aufgabe einer philosophischen Ausarbeitung der politischen Anthropologie. Für die Staatstheorie genügt ihm die »pessimistische« Voraussetzung der Herrschaftsbedürftigkeit des Menschen. Wie sie jeweils begründet wird, hält er, politisch betrachtet, für eine Frage der Ideologie.

Schmitt liest die Sprache der Moral politisch und macht den Liberalismus für die Verunklärung vernünftiger Grenzen von Moral und Politik verantwortlich: »Der Liberalismus hat in einem für ihn typischen [...] Dilemma von Geist und Ökonomik den Feind von der Geschäftsseite her in einen Konkurrenten, von der Geistseite her in einen Diskussionsgegner aufzulösen versucht.« (BP, 28) »In einer überaus systematischen Weise umgeht oder ignoriert das liberale Denken den Staat und die Politik und bewegt sich statt dessen in einer typischen, immer wiederkehrenden Polarität von zwei heterogenen Sphären, nämlich von Ethik und Wirtschaft, Geist und Geschäft, Bildung und Besitz.« (BP, 69)

Typischerweise verkläre die moralische Rhetorik in der Politik nur ökonomische Interessen. Schmitt deutet sie als »liberale Kritik« am staatlichen Politikmonopol. Diese Zuordnung des Politischen bzw. des Moralischen zur öffentlichen bzw. zur privaten Sphäre ist systematisch nicht zwingend. Sie kann sich nur auf die gegebenen Verhältnisse beziehen und entwickelt eigentlich überhaupt keinen Begriff vom Moralischen.

Dies wirkt auf den Begriff des Politischen zurück. Denn Schmitts Kriterium kann nur beschreiben, wann Konflikte intensiv politisch werden. Seine Antwort lautet: Wenn Menschen bereit sind, in den Krieg zu ziehen. Aber wann ziehen sie in den Krieg? Schmitt zufolge tun sie es dann, wenn sie ihre »eigene Art Existenz« negiert glauben. Dies ist nur überzeugend, sofern die »eigene Art Existenz« moralisch verstanden wird. »Existenz« hieße dann so etwas wie ein moralisches »Selbstverständnis« oder moralische »Identität«. Die »eigene Art Existenz« wäre dann eine moralische Leistung, ein Selbstentwurf, der die eigenen Daseinsbedingungen willentlich annimmt und entwickelt. Die zeitgenössische Existenzphilosophie (K. Jaspers, M. Heidegger) betonte dieses Moment des freiheitlichen Selbstentwurfs. Auch die damalige philosophische Anthropologie hob die menschliche Freiheit hervor. Schmitt verweist auf Dilthey, Eduard Spranger und Helmuth Plessner (BP, 59 f.) und legt somit die Möglichkeit und Richtung einer philosophischen Begründung seines »anthropologischen Glaubensbekenntnisses« fest. Er führt sie aber nicht aus. Und keiner der genannten zeitgenössischen Philosophen zog derart liberalismuskritische Konsequenzen. Es lässt sich überhaupt bezweifeln, dass ein philosophischer Ansatz bei der individuellen Freiheit zum politischen Antiliberalismus führen kann. Schmitt behauptet, dass der »Individualismus des liberalen Denkens« (BP, 70) das Opfer der Todes- und Tötungsbereitschaft nicht zu begründen vermag. Das Gegenteil scheint eher zutreffend: Nur unter der liberalen Voraussetzung der individuellen Freiheit ist die moralische Identifikation von Individuen mit der politischen Existenz und Einheit begründbar. Es bedarf der Perspektive individueller Freiheit, um der politischen Gewalt einen moralischen Sinn zu geben. Schmitt sieht richtig, dass Menschen nicht nur um ihre individuelle Selbsterhaltung kämpfen. Sie halten ihre »eigene Art Existenz« schon dann für bedroht, wenn sie ihr Selbstverständnis, ihre moralische Integrität, elementar verletzt glauben. Die existenzielle Identifikation des Einzelnen mit der politischen Einheit, die im Ernstfall Todesbereitschaft und Tötungsbereitschaft mobilisiert, meint demnach eine moralische Identifikation des Subjekts mit der politischen Einheit. Nur weil Menschen ihre Identität dem Bestand der politischen Einheit verdanken, sind sie zum Äußersten bereit. Ihre Opferbereitschaft betrifft nicht nur das rationale Kalkül individueller Überlebenschancen oder des Erhalts staatlicher Dienstleistungen, sondern auch den Bestand einer überindividuellen »Sittlichkeit«.

Schmitts »existenzialistische« Sprache lässt sich demnach als moralische Semantik verstehen. Sie ist nur dann sinnvoll, wenn sie die »eigene Art Existenz« als moralische Leistung auffasst. Schmitts *Begriff des Politischen* vermag diese moralische Auffassung des Politischen aber nicht zu begründen. Er liest das Moralische nur politisch und verzeichnet es dabei in der Zuordnung zur Sphäre liberaler Kritik der Politik.[156]

Die Konsequenzen für die Verfassungslehre sind fatal: Schmitt hält die individuelle Freiheit nicht für konstitutiv. Er geht nicht vom Individuum als Grund und Zweck der Staatsorganisation aus; vielmehr betrachtet er die Organisationsform des »bürgerlichen Rechtsstaats« lediglich als eine konstitutionelle Beschränkung der Staatsform. Die systematische Konsequenz seines Antiliberalismus wurde eingehend dargestellt. Eine Alternative wurde angedeutet: Nur von der philosophischen Voraussetzung der individuellen Freiheit her ist die moralische Identifikation mit der politischen Existenz begründbar, von der Schmitt spricht. Schmitts Befund potenzieller Totalität des Politischen ist sachlich richtig. Es gibt wohl auch heute noch die »Opferbereitschaft«, die Schmitt appellativ fordert. Herrschaftssoziologisch betrachtet, gibt es Massenloyalität. Normativ betrachtet, muss politische Herrschaft deshalb aus der Teilnehmerperspektive der Akteure irgendwie als Organisation von Freiheit deutbar sein. Diese Freiheitsperspektivik vermag der *Begriff des Politischen* jedoch nicht zu begründen. Obwohl Schmitt die Freiheitsrhetorik legitimatorisch einsetzt (und dabei politisch missbraucht), verfügt er nicht über eine Verhältnisbestimmung von Moral und Politik, die Herrschaft als Freiheit verständlich machte. Die systematisch richtige Konsequenz wäre die Anerkennung und Berechtigung des Individuums als Grund und Zweck der Staatsorganisation. Weil Menschen als handlungsfähige moralische Subjekte auch politische Subjekte sind, ist es gleichermaßen moralisch wie politisch geboten, ihren Subjektstatus grundrechtlich anzuerkennen und zum Grund und Zweck der Staatsorganisation zu machen.

Nachwort

In den letzten Jahren ist in der Schmitt-Forschung viel passiert. Einige Nachlasseditionen und Berge teils ausgezeichneter Sekundärliteratur sind erschienen. Deshalb habe ich mich entschlossen, die erste Auflage dieser Einführung umfassend zu überarbeiten. Das Kapitel »Carl Schmitt und der Neokonservatismus« ist entfallen. Dafür kam die Einleitung hinzu. Die Gliederung wurde vereinfacht. Alle Kapitel wurden durchgesehen, gekürzt bzw. teils erheblich erweitert. Siegfried Weichlein, Ralf Poscher und Skadi Krause danke ich für die kritische Lektüre und zahlreiche Hinweise.

Anhang

Anmerkungen

1 Vgl. R. Mehring, Vom Umgang mit Carl Schmitt: Zur neueren Literatur, in: Geschichte und Gesellschaft 19 (1993), S. 388-406; ders., Carl Schmitt in der Diskussion, in: Information Philosophie, Heft 3 (1993), S. 20-31; ders., Rekonstruktion und Historisierung: Zur neueren Carl-Schmitt-Forschung (im Druck).
2 H. Hofmann, Legitimität gegen Legalität. Der Weg der politischen Philosophie Carl Schmitts, Neuwied 1964.
3 B. Willms, Carl Schmitt – jüngster Klassiker des politischen Denkens?, in: H. Quaritsch (Hg.), Complexio Oppositorum. Über Carl Schmitt, Berlin 1988, S. 577-597.
4 J.W. Bendersky, Carl Schmitt. Theorist for the Reich, Princeton 1983.
5 P. Noack, Carl Schmitt. Eine Biographie, Berlin 1993.
6 Zit. nach: H. Quaritsch (Hg.), Complexio Oppositorum, a.a.O., S. 105.
7 Vgl. T. Nipperdey, Religion im Umbruch. Deutschland 1870-1918, München 1988; K.-E. Lönne, Politischer Katholizismus im 19. und 20. Jahrhundert, Frankfurt/M. 1986.
8 Vgl. dazu: R. Mehring, Der philosophische Führer und der Kronjurist: praktisches Denken und geschichtliche Tat von Martin Heidegger und Carl Schmitt, in: Deutsche Vierteljahrsschrift für Literatur- und Geistesgeschichte 68 (1994), S. 333-363.
9 Vgl. H. Ott, Martin Heidegger. Unterwegs zu seiner Biographie, Frankfurt/M. 1988.
10 M. Heidegger/E. Blochmann, Briefwechsel 1918-1969, hg. von J.W. Storck, Marbach 1990, Brief Nr. 37 an E. Blochmann, 22.6.1932, S. 52.
11 Vgl. F.J. Ringer, Die Gelehrten. Der Niedergang der deutschen Mandarine 1890-1933, München 1987.
12 C. Schmitt, 1907 Berlin, in: Schmittiana 1 (1988), S. 20; vgl. ders., Jugendbriefe an seine Schwester, hg. von E. Hüsmert, Berlin 2000.
13 Vgl. I. Villinger, Carl Schmitts Kulturkritik der Moderne. Text, Kom-

mentar und Analyse der »Schattenrisse« des Johannes Negelinus, Berlin 1995.
14 Vgl. M. Dahlheimer, Carl Schmitt und der deutsche Katholizismus 1888-1936, Paderborn 1998. Dahlheimer konstatiert dabei schon für die Habilitationsschrift eine »Absage an das katholische Naturrechtsdenken« (S. 52) und weist die zwiespältige Aufnahme im zeitgenössischen Katholizismus nach. Demnach befürwortete Schmitt die Kirche nicht theologisch, sondern nur juristisch-politisch. Dahlheimer widerspricht damit der »katholischen« Deutung Andreas Koenens.
15 Vgl. dazu: M. Stolleis, Geschichte des öffentlichen Rechts in Deutschland, Bd. 3, München 1999, S. 61 ff.
16 So M. Friedrich, Geschichte der deutschen Staatsrechtswissenschaft, Berlin 1997, S. 282.
17 Vgl. dazu: H. Barion, Kirche oder Partei? Römischer Katholizismus und politische Form, in: Der Staat 4 (1965), S. 131-176.
18 Zur Bedeutung dieser »Papstrevolution« für das Christentum vgl.: E. Rosenstock, Die europäischen Revolutionen. Volkscharaktere und Staatenbildungen, Jena 1931, S. 121 ff.
19 M. Dahlheimer, Carl Schmitt und der deutsche Katholizismus 1888-1936, a.a.O., S. 115.
20 Vgl. dazu: H. Quaritsch, Souveränität im Ausnahmezustand. Zum Souveränitätsbegriff im Werk Carl Schmitts, in: Der Staat 35 (1996), S. 1-30.
21 Vgl. H. Lübbe, Dezisionismus – eine kompromittierte politische Theorie, in: ders., Praxis der Philosophie, Stuttgart 1978, S. 61-77.
22 Zum Verhältnis vgl.: D. Diner/M. Stolleis (Hg.), Hans Kelsen and Carl Schmitt. A Juxtaposition, Gerlingen 1999.
23 H. Kelsen, Vom Wesen und Wert der Demokratie, 2. Aufl., Tübingen 1929, S. 101.
24 Ebenda, S. 118.
25 Vgl. ders., Allgemeine Staatslehre, Berlin 1925, S. 368 ff.; ders., Die philosophischen Grundlagen der Naturrechtslehre und des Rechtspositivismus, Berlin 1928; ders., Staatsform und Weltanschauung, Tübingen 1933; ders., Aufsätze zur Ideologiekritik, Neuwied 1964.
26 Vgl. dazu: C. Schmitt, Vorbemerkung zur Neuauflage, in: ders., Gesetz und Urteil. Eine Untersuchung zum Problem der Rechtspraxis, 2. Aufl., München 1969.

27 Vgl. dazu: G. Roellecke, in: W. Brugger (Hg.), Legitimation des Grundgesetzes aus Sicht von Rechtsphilosophie und Gesellschaftstheorie, Baden-Baden 1996.
28 Vgl. dazu: C. Schmitt, Der Wahnmonolog und eine Philosophie des Als-Ob, in: Bayreuther Blätter 35 (1912), S. 239-241; ders., Juristische Fiktionen, in: Deutsche Juristen-Zeitung 18 (1913), S. 804-806.
29 Ders., Der Neubau des Staats- und Verwaltungsrechts, in: Deutscher Juristentag 1933. Ansprachen und Fachvorträge, S. 252.
30 Vgl. W. J. Mommsen, Max Weber und die deutsche Politik 1890-1920, 2. Aufl., Tübingen 1974, S. 335 ff.
31 F. Nietzsche, Also sprach Zarathustra, in: ders., Werke in drei Bänden, Bd. 2, hg. von K. Schlechta, Darmstadt 1966, S. 455.
32 Vgl. C. Schmitt, Hegel und Marx (1931), in: Schmittiana 4 (1994), S. 49-52.
33 Vgl. dazu: W. Schieder, Carl Schmitt in Italien, in: Vierteljahreshefte für Zeitgeschichte 37 (1989), S. 1-21; vgl. auch allgemein: ders., Das italienische Experiment. Der Faschismus als Vorbild in der Krise der Weimarer Republik, in: Historische Zeitung 262 (1996), S. 73-125.
34 J. Habermas, Die Schrecken der Autonomie. Carl Schmitt auf Englisch, in: ders., Eine Art Schadensabwicklung, Frankfurt/M. 1987, S. 113.
35 Vgl. dazu: C. Schmitt, Volksbegehren und Volksentscheid. Ein Beitrag zur Auslegung der Weimarer Verfassung und zur Lehre von der unmittelbaren Demokratie, Berlin/Leipzig 1927.
36 M. Stolleis, Geschichte des öffentlichen Rechts, Bd. 3, a.a.O., S. 67.
37 Ebenda, S. 88.
38 Vgl. ebenda, S. 153 ff.
39 M. Friedrich, Geschichte der deutschen Staatsrechtswissenschaft, Berlin 1997, S. 325.
40 M. Stolleis, Geschichte des öffentlichen Rechts, Bd. 3, a.a.O., S. 155.
41 Vgl. aus der Fülle der Besprechungen: O. Hintze, Historische Zeitung 139 (1929), S. 562-568; F. Hartung, Zeitschrift für die ges. Staatswissenschaft 87 (1929), S. 225-239; U. Scheuner, Neue Politische Literatur 1 (1956), S. 181-186; vgl. auch: R. Mehring, Carl Schmitts Lehre von der Auflösung des Liberalismus: das Sinngefüge der Verfassungslehre als historisches Urteil, in: Zeitschrift für Politik 38 (1991), S. 608-626.

42 E.-W. Böckenförde, Der Begriff des Politischen als Schlüssel zum staatsrechtlichen Werk Carl Schmitts, in: ders., Recht, Staat, Freiheit, Frankfurt/M. 1991, S. 351.

43 Vgl. C. Schmitt, Staatsgefüge und Zusammenbruch des zweiten Reiches. Der Sieg des Bürgers über den Soldaten, Hamburg 1934.

44 Zit. nach: M. Stolleis, Geschichte des öffentlichen Rechts, Bd. 3, a.a.O., S. 179.

45 Vgl. dazu: C. Tilitzki, Carl Schmitt an der Handels-Hochschule Berlin 1928-1933, in: Schmittiana 4 (1994), S. 157-202.

46 Zit. nach: A. Lösch, Der nackte Geist. Die Juristische Fakultät der Berliner Universität im Umbruch von 1933, Tübingen 1999, S. 188.

47 So H.A. Winkler, Der lange Weg nach Westen, Bd. 1, München 2000, S. 488 ff.

48 Vgl. dazu: D. Lehnert, Verfassungsdemokratie als Bürgergenossenschaft. Politisches Denken, Öffentliches Recht und Geschichtsdeutungen bei Hugo Preuß, Baden-Baden 1998; C. Schönberger, Das Parlament im Anstaltsstaat, Frankfurt/M. 1997, S. 367 ff.

49 Vgl. W.J. Mommsen, Max Weber und die deutsche Politik, a.a.O., S. 380 ff.

50 H.A. Winkler, Der lange Weg nach Westen, Bd. 1, a.a.O., S. 461.

51 Vgl. H. Kelsen, Wer soll der Hüter der Verfassung sein?, Berlin 1931.

52 Vgl. dazu: L.A. Bentin, Johannes Popitz und Carl Schmitt. Zur wirtschaftlichen Theorie des totalen Staates in Deutschland, München 1972; I. Maus, Bürgerliche Rechtstheorie und Faschismus. Zur sozialen Funktion und aktuellen Wirkung der Theorie Carl Schmitts, 2. Aufl., München 1980; dies., Rechtstheorie und politische Theorie im Industriekapitalismus, München 1986.

53 Vgl. M. Weber, Gesammelte Politische Schriften, 3. Aufl., Tübingen 1971, S. 326 f., 542 ff.

54 H.A. Winkler, Der lange Weg nach Westen, Bd. 1, a.a.O., S. 510.

55 V. Hösle, Carl Schmitts Kritik an der Selbstaufhebung einer wertneutralen Verfassung, in: Deutsche Vierteljahresschrift für Literaturwissenschaft und Geistesgeschichte 61 (1987), S. 13.

56 Vgl. E.R. Huber, Carl Schmitt in der Reichskrise der Weimarer Endzeit, in: H. Quaritsch (Hg.), Complexio Oppositorum, Berlin 1988, S. 33-70.

57 So argumentieren etwa: G. Maschke, in: SGN, 90 f.; W. Pyta/G. Sei-

bert, Die Staatskrise der Weimarer Republik im Spiegel des Tagebuchs von Carl Schmitt, in: Der Staat 38 (1999), S. 423-448, 594-610.
58 M. Stolleis, Geschichte des öffentlichen Rechts, Bd. 3, a.a.O., S. 116.
59 So jedenfalls meinen: W. Pyta/G. Seibert, Die Staatskrise, a.a.O., S. 434.
60 Vgl. dazu: M. Stolleis, Geschichte des öffentlichen Rechts, Bd. 3, a.a.O., S. 120 ff.
61 M. Broszat, Die Machtergreifung. Der Aufstieg der NSDAP und die Zerstörung der Weimarer Republik, München 1984, S. 149, vgl. 144 ff.
62 Dies betont (in einer ansonsten überzogenen Arbeit): L. Berthold, Carl Schmitt und der Staatsnotstandsplan am Ende der Weimarer Republik, Berlin 1999.
63 Zit. nach: W. Pyta/G. Seibert, Die Staatskrise, a.a.O., S. 610.
64 Vgl. C. Schmitt, Das Reichsstatthaltergesetz, Berlin 1933; vgl. G. Jasper, Die gescheiterte Zähmung, Frankfurt/M. 1986, S. 137 ff.
65 Vgl. D. Blasius, Carl Schmitt. Preußischer Staatsrat in Hitlers Reich, Göttingen 2001.
66 Vgl. C. Schmitt, Das Gesetz zur Behebung der Not von Volk und Reich, in: Deutsche Juristen-Zeitung (DJZ) 38 (1933), S. 455-458; SBV, 5 ff.
67 M. Stolleis, Geschichte des öffentlichen Rechts, Bd. 3, a.a.O., S. 323.
68 Vgl. K. Weiß, Der christliche Epimetheus, Berlin 1933.
69 Vgl. dazu insgesamt: M. Stolleis, Geschichte des öffentlichen Rechts, Bd. 3, a.a.O., S. 246 ff., 316 ff.; ders; Recht im Unrecht. Studien zur Rechtsgeschichte des Nationalsozialismus, Frankfurt/M. 1994; als Fallbeispiel auch: U. Herbert, Best. Biographische Studien über Radikalismus, Weltanschauung und Vernunft 1903-1989, 2. Aufl., Bonn 1996.
70 M. Stolleis, Geschichte des öffentlichen Rechts, Bd. 3, a.a.O., S. 319, vgl. 255.
71 Zur Orientierung vgl.: K. D. Bracher, Die deutsche Diktatur. Struktur und Folgen des Nationalsozialismus, Köln 1969; N. Frei, Der Führerstaat. Nationalsozialistische Herrschaft 1933 bis 1945, München 1987; L. Herbst, Das nationalsozialistische Deutschland 1933-1945, Frankfurt/M. 1996. Zur Sondierung des Diskussionsstands vgl.: I. Kershaw, Der NS-Staat. Geschichtsinterpretationen und Kontroversen im Überblick, Reinbek 1999.
72 Vgl. C. Schmitt, Nationalsozialismus und Rechtsstaat, in: Juristische

Wochenschrift 63 (1934), S. 713-718; ders., Was bedeutet der Streit um den »Rechtsstaat«? (SGN, 121-131); ders., Der Rechtsstaat (SGN, 108-117); vgl. dazu: C. H. Ule, Carl Schmitt, der Rechtsstaat und die Verwaltungsgerichtsbarkeit, in: Verwaltungs-Archiv 81 (1990), S. 1-17.

73 Aus der Reihe der damaligen knappen Artikel vgl. zur Standortbestimmung: C. Schmitt, Unsere geistige Gesamtlage und unsere juristische Aufgabe, in: Zeitschrift der Akademie für Deutsches Recht (ZAkDR) 1 (1934), S. 11 f.; ders., Die Rechtswissenschaft im Führerstaat, in: ZAkDR 2 (1935), S. 435-450; ders., Die geschichtliche Lage der deutschen Rechtswissenschaft, in: DJZ 41 (1936), S. 15-21. Vgl. zur Gleichschaltung: ders., Neue Leitsätze für die Rechtspraxis, in: Juristische Wochenschrift (JW) 62 (1933), S. 2793 f.; ders., Nationalsozialistisches Rechtsdenken, in: Deutsches Recht (DR) 4 (1934), S. 225-229; ders., Der Weg des deutschen Juristen, in: DJZ 39 (1934), S. 691-698; ders., Kodifikation oder Novelle? Über die Aufgabe und Methode der heutigen Gesetzgebung, in: DJZ 40 (1935), S. 919-925. Vgl. zur Verfassungsentwicklung: ders., Ein Jahr nationalsozialistischer Verfassungsstaat, in: DR 4 (1934), S. 27-30.

74 Vgl. B. Rüthers, Entartetes Recht. Rechtslehren und Kronjuristen im Dritten Reich, München 1988; ders., Carl Schmitt im Dritten Reich, 2. Aufl., München 1990.

75 Vgl. C. Schmitt, Nationalsozialistisches Rechtsdenken, in: DR 4 (1934), S. 225-229; ders., Faschistisches und nationalsozialistisches Rechtsdenken, in: DJZ 41 (1936), S. 619 f.

76 Vgl. dazu ausführlich: R. Gross, Carl Schmitt und die Juden. Eine deutsche Rechtslehre, Frankfurt/M. 2000, S. 83 ff.

77 C. Schmitt, Der Neubau des Staats- und Verwaltungsrechts, in: Deutscher Juristentag 1933. 4. Reichstagung des Bundes Nationalsozialistischer Deutscher Juristen e.V. Ansprachen und Fachvorträge, S. 252.

78 M. Heidegger, Deutsche Studenten, in: ders., Gesamtausgabe, Bd. 16, Frankfurt/M. 2000, S. 184.

79 M. Stolleis, Geschichte des öffentlichen Rechts, Bd. 3, a.a.O., S. 337.

80 DJZ 39 (1934), S. 695; ZAkDR 2 (1935), S. 439; DR 6 (1936), S. 184.

81 Vgl. dazu: R. Mehring, Geist gegen Gesetz. Carl Schmitts Destruktion des positiven Rechtsdenkens, in: B. Wacker (Hg.), Die eigentlich katholische Verschärfung ... Konfession, Theologie und Politik im Werk Carl Schmitts, München 1994, S. 229-245.

82 C. Schmitt, Die deutsche Rechtswissenschaft im Kampf gegen den jüdischen Geist, in: DJZ 41 (1936), S. 1185 f.
83 Ebenda, S. 1195.
84 Ebenda, S. 1197.
85 Ebenda, S. 1199. Hitler legte eine christliche Deutung nahe: »So glaube ich heute im Sinne des allmächtigen Schöpfers zu handeln: Indem ich mich des Juden erwehre, kämpfe ich für das Werk des Herrn.« (Zit. nach: E. Jäckel, Hitlers Weltanschauung. Entwurf einer Herrschaft, Tübingen 1969, S. 68) Bei Jäckel lässt sich nachlesen, dass Schmitt mit seiner Betonung des »parasitären« Charakters Hitlers Antisemitismus nahe stand. Hitler wählte für das Judentum gerne Ausdrücke aus dem »Bereich der Parasitologie« (ebenda, S. 75, 137), weil es als »internationalistisches« Volk ohne Raum nicht am natürlichen Lebenskampf der Völker um Boden teilnehme, sondern parasitär eine »Entnationalisierung der Welt« betreibe. Jäckel rekonstruiert als Hitlers Auffassung: »Der jüdische Internationalismus behindert somit den Lebenskampf, wie die Natur ihn will, und zerstört damit den Sinn der Geschichte.« (Ebenda, S. 139) Schmitt macht sich zwar nicht Hitlers soziobiologistische Auffassung vom Lebenskampf der Völker um Raum zu Eigen, betont aber ebenfalls den Zusammenhang zwischen dem jüdischen »Mißverhältnis« (SGN, 317) zum Boden und seiner angeblich »parasitären«, maskierten Existenz.
86 Zur Diskussion um Hitler und den Holocaust vgl.: I. Kershew, Der NS-Staat, a.a.O., S. 148 ff. Im Streit zwischen »Intentionalisten« und »Strukturalisten« machen die Strukturalisten darauf aufmerksam, dass die organisatorische Durchführung des Holocaust im Zusammenhang mit dem Eroberungskrieg von diversen lokalen Instanzen ausging, verschiedene »Eskalationsphasen« durchlief und später erst – so auf der Wannsee-Konferenz vom 20. Januar 1942 – als Genozid koordiniert wurde. Die Strukturalisten bestreiten nicht die hohe Bedeutung von Hitlers Intentionen, sondern betonen nur die aktive, organisatorisch selbstständige Mitwirkung weiterer Tätergruppen (wie der Wehrmacht).
87 Schmitts parteiische Darstellung antizipiert »die neuen Aufgaben der Verfassungsgeschichte« (PB, 229-234). »Verfassungsgeschichte der Neuzeit« war zum Lehrgegenstand erhoben worden, um ein Geschichtsbild zu fixieren, »das die Rechtsentwicklung als eine Schöp-

fung deutschen Lebens in ihrer volklichen Einheit erkennen läßt« (PB, 229). In diesem Zusammenhang entstehen E. Forsthoffs *Deutsche Verfassungsgeschichte der Neuzeit* (1940) sowie die ersten verfassungsgeschichtlichen Arbeiten von E. R. Huber.
88 Vgl. dazu: A. Söllner, »Kronjurist des Dritten Reiches«. Das Bild Carl Schmitts in den Schriften der Emigranten, in: Jahrbuch für Antisemitismusforschung 1 (1992), S. 191-216.
89 D. Diner, Das Jahrhundert verstehen. Eine universalhistorische Deutung, Frankfurt/M. 2000, S. 210, vgl. 131, 227. Zur »intentionalistischen« Auffassung vgl.: E. Jäckel, Hitlers Weltanschauung, a.a.O. Gegenüber einer Reduzierung des Nationalsozialismus auf »Hitlerismus« wurde seit den Siebzigerjahren zwischenzeitlich die »Schwäche« Hitlers als Diktator betont. Laut I. Kershew (Der NS-Staat, a.a.O., S. 396, 112 ff.) klingt diese Hypothese heute »hohl«. Insbesondere die Außenpolitik wurde von Hitler initiativ entschieden.
90 Vgl. A. Koenen, Der Fall Carl Schmitt. Sein Aufstieg zum Kronjuristen des Dritten Reiches, Darmstadt 1995; vgl. auch ders., Visionen vom »Reich«. Das politisch-theologische Erbe der Konservativen Revolution, in: A. Göbel u.a. (Hg.), Metamorphosen des Politischen, Berlin 1995, S. 53-74.
91 Vgl. A. Koenen, Der Fall Carl Schmitt, a.a.O., S. 154 ff.
92 Vgl. B. Rüthers, Carl Schmitt im Dritten Reich, a.a.O., S. 81 ff.
93 Vgl. A.-M. Gräfin von Lösch, Der nackte Geist. Die Juristische Fakultät der Berliner Universität im Umbruch von 1933, Tübingen 1999, S. 404 f., 435 ff.
94 Vgl. ebenda, S. 187 ff.
95 Vgl. ebenda, S. 201 ff., 207, 320 ff., 394 ff., 405 ff., 426 ff.
96 Ebenda, S. 441 ff.
97 Vgl. A. Koenen, Der Fall Carl Schmitt, a.a.O., S. 198 ff., 411 ff.
98 Vgl. L. Gruchmann, Nationalsozialistische Großraumordnung. Die Konstruktion einer »deutschen Monroe-Doktrin«, Stuttgart 1962; M. Schmoeckel, Die Großraumtheorie. Ein Beitrag zur Geschichte der Völkerrechtswissenschaft im Dritten Reich, Berlin 1994; orientierend: B.-J. Wendt, Großdeutschland. Außenpolitik und Kriegsvorbereitung des Hitler-Regimes, München 1987. Schmitt schreibt dazu im *Glossarium*: »H. hat zwei verschiedene Kriege zu führen versucht (tölpelhaft, das für durchführbar zu halten): einen nicht diskriminierenden

Krieg gegen den Westen und einen diskriminierenden gegen Rußland und die slawischen Völker.« (Gl, 117, vgl. 187)
99 Vgl. L. Gruchmann, Totaler Krieg. Vom Blitzkrieg zur bedingungslosen Kapitulation, München 1991.
100 Vgl. F. Grossheutschi, Carl Schmitt und die Lehre vom Katechon, Berlin 1996; allgemein vgl.: R. Koselleck, Zeitverkürzung und Beschleunigung. Eine Studie zur Säkularisation, in: ders., Zeitschichten. Studien zur Historik, Frankfurt/M. 2000, S. 177-202.
101 Zu den unterschiedlichen Perspektiven moralischer Kritik und juristischer »Aufarbeitung« vgl.: M. Wildt, Differierende Wahrheiten. Historiker und Staatsanwälte als Ermittler von NS-Verbrechen, in: N. Frei/D. van Laak/M. Stolleis (Hg.), Geschichte vor Gericht, München 2000, S. 46-59.
102 Vgl. dazu: D. van Laak/I. Villinger (Hg.), Nachlaß Carl Schmitts. Verzeichnis des Bestandes im Nordrhein-Westfälischen Hauptstaatsarchiv, Siegburg 1993.
103 Vgl. C. Schmitt, Nationalsozialismus und Rechtsstaat, in: JW 63 (1934), S. 713-718.
104 Vgl. dazu Sprangers Auffassung, in: Schmittiana 5 (1996), S. 207.
105 Zur Identifikation mit Hobbes als »Sündenbock« vgl.: C. Schmitt, Dreihundert Jahre Leviathan (SGN, 151-153). Schmitt scheiterte damals mit seinem Versuch, Norberto Bobbio für eine 300-Jahr-Feier für Hobbes zu gewinnen. Bobbio lehnte Schmitts identifikatorischen Bezug auf Hobbes ab und hatte wohl auch politische Gründe für seine Absage. Vgl. auch den Briefwechsel Schmitt – Bobbio, in: P. Tommissen, In Sachen Carl Schmitt, Wien 1997, S. 113-155, bes. Bobbios Brief vom 4.2.1951.
106 Vgl. dazu: R. Mehring, Carl Schmitts Dämonologie – nach seinem Glossarium, in: Rechtstheorie 23 (1992), S. 258-271; ders., Vergangenheitsbewältigung bei Carl Schmitt, in: W. Bialas/M. Gangl (Hg.), Frankfurt/M. 2000, S. 120-134 (diesem Aufsatz habe ich einige Passagen entnommen).
107 Die umfangreiche Monographie von G. Meuter (Der Katechon. Zu Carl Schmitts fundamentalistischer Kritik der Zeit, Berlin 1994) erörtert das titelgebende Problem nicht und gelangt nur implizit zu der ironischen These, dass Schmitt kein »Aufhalter«, sondern eher ein »Beschleuniger wider Willen«, wenn nicht gar ein willentlicher

Beschleuniger war. Für die theologische Begriffsgeschichte und Schmitts diverse Arten der Verwendung dieses Begriffs ergiebig ist dagegen: F. Grossheutschi, Carl Schmitt und die Lehre vom Katechon, a.a.O.

108 Unter den »Schmittisten« tummeln sich manche, die Wissenschaft nach politischen Freund-Feind-Kriterien betreiben wollen und Polemik suchen. Selbst das angegebene Zitat wurde in seiner Aussagekraft bezweifelt. Deshalb sei verdeutlicht: Schmitt spricht hier in eigenem Namen. Er ist ernsthaft der Auffassung, dass »gerade der assimilierte Jude« der »wahre Feind« ist. Dafür gibt es viele Belegstellen. Falls Schmitt hier indirekt zitieren sollte, schwächt dies den Geltungsanspruch der eigenen Aussage in keiner Weise. Falls es sich hier, wie vermutet wurde, um ein Zitat handelt, könnte es direkt von Hitler stammen. Gerade im Antisemitismus begegnet Schmitt sich mit Hitler. Auch Hitler band seinen Antisemitismus nicht an die Echtheit (oder: erwiesene Fälschung) der »Protokolle«. Wie Schmitt betonte Hitler die jüdische »Mimikry« und nannte das Judentum den »wahren Feind« (A. Hitler, »Mein Kampf«, 11. Aufl., München 1942, S. 724, hier zit. nach: B. Zehnpfennig, Hitlers Mein Kampf. Eine Interpretation, München 2000, S. 251).

109 Vgl. dazu: R. Mehring, Karl Löwith, Jacob Taubes und das »Ende der Geschichte«, in: Zeitschrift für Religions- und Geistesgeschichte 48 (1996), S. 231-248; zu Schmitts damaligen endgeschichtlichen Diskursen vgl.: M. Meyer, Ende der Geschichte?, München 1993; vgl. ferner: S. Heil, »Gefährliche Beziehungen«. Walter Benjamin und Carl Schmitt, Stuttgart 1996.

110 Vgl. C. Schmitt, Was habe ich getan? (1957), in: Schmittiana 5 (1996), S. 15-19 (vgl. BS, 221-224).

111 Vgl. N. Sombart, Die deutschen Männer und ihre Feinde. Carl Schmitt – ein deutsches Schicksal zwischen Männerbund und Matriarchatsmythos, München 1991.

112 Vgl. C. Schmitt, Vorwort zur deutschen Ausgabe von: L. Winstanley, Hamlet, Sohn der Maria Stuart, Pfullingen 1952, S. 12.

113 Vgl. W. Grewe, Epochen der Völkerrechtsgeschichte, Baden-Baden 1984.

114 Vgl. L. Dehio, Gleichgewicht oder Hegemonie. Betrachtungen über ein Grundproblem der neueren Staatengeschichte, Krefeld 1948.

115 Vgl. dazu bes.: C. Schmitt, Drei Stufen historischer Sinngebung, in: Universitas 8 (1950), S. 927-931.
116 Vgl. ders., Die andere Hegel-Linie. Hans Freyer zum 70. Geburtstag, in: Christ und Welt, 25.7.1957.
117 Dazu zwei Beispiele halböffentlicher Texte, die Schmitt im Kreis seiner Freunde verschickte: neujahrsgruß 1957 (BS, 231; EJCS, 316); Übersicht über das konkrete Problem des heutigen Nomos der Erde (BS, 235 f.; EJCS, 325 f.).
118 Vgl. H. Kesting, Geschichtsphilosophie und Weltbürgerkrieg, Heidelberg 1959; R. Schnur, Revolution und Weltbürgerkrieg. Studien zur Ouverture nach 1789, Berlin 1983.
119 Vgl. C. Schmitt, Der Mut des Geistes, in: Frankfurter Allgemeine Zeitung, 30.12.1950.
120 Vgl. ders., Clausewitz als politischer Denker. Bemerkungen und Hinweise, in: Der Staat 4 (1964), S. 479-502; ders., Gespräch über den Partisanen (SGN, 619-634).
121 Vgl. (pseudonym) C. Schmitt, Gegenwartsfragen der Verfassung (1949); Das Grundgesetz der Bundesrepublik Deutschland (1949/50), in: Carl Schmitt und die Liberalismuskritik, hg. von K. Hansen u.a., Opladen 1988, S. 171-194; vgl. auch ders., Völkerrecht, in: Das juristische Repetitorium, hg. von H. Freymark, Salzgitter 1948, Nr. 6, 17, 20, S. 1-24, 49-76, 77-100; vgl. zum normativen Ansatz: R. Mehring, Carl Schmitts Kritik des Konzepts Legitimität kraft Legitimation, im Hinblick auf das Grundgesetz betrachtet, in: W. Brugger (Hg.), Legitimation des Grundgesetzes aus Sicht von Rechtsphilosophie und Gesellschaftstheorie, Baden-Baden 1996, S. 111-132.
122 Vgl. dazu: T. Vesting, Politische Einheitsbildung und technische Realisation. Über die Expansion der Technik und die Grenzen der Demokratie, Baden-Baden 1990; ders., Erosionen staatlicher Herrschaft. Zum Begriff des Politischen bei Carl Schmitt, in: Archiv des öffentlichen Rechts 117 (1992), S. 4 ff.
123 Vgl. dazu die Briefe der Jahre 1961/62 in: E. Jayme (Hg.), Luis Cabral de Moncada und Carl Schmitt. Briefwechsel 1943-1973, Heidelberg 1998.
124 Vgl. dazu: B. Nichtweiß, Apokalyptische Verfassungslehren. Carl Schmitt im Horizont der Theologie Erik Petersons, in: B. Wacker (Hg.), Die eigentlich katholische Verschärfung, München 1994, S. 37-64.

125 Vgl. dazu: H. Barion, Kirche und Kirchenrecht. Gesammelte Aufsätze, hg. von W. Böckenförde, Paderborn 1984.
126 Vgl. C. Schmitt, Die vollendete Reformation. Zu neuen Leviathan-Interpretationen, in: Der Staat 4 (1965), S. 51-69 (L, 137-178).
127 Schmitts Dialektik der Humanitätsidee ist vermutlich direkt gegen Marx geschrieben. Im zweiten Absatz seiner Einleitung *Zur Kritik der Hegelschen Rechtsphilosophie* schreibt Marx (MEW I, 378): »Der Mensch, der in der phantastischen Wirklichkeit des Himmels, wo er einen Übermenschen suchte, nur den *Widerschein* seiner selbst gefunden hat, wird nicht mehr geneigt sein, nur den *Schein* seiner selbst, nur den Unmenschen zu finden, wo er seine wahre Wirklichkeit sucht und suchen muß. Das Fundament der irreligiösen Kritik ist: Der *Mensch macht die Religion*, die Religion macht nicht den Menschen.« Eine akademische Ausführung gibt: R. Koselleck, Zur historisch-politischen Semantik asymmetrischer Gegenbegriffe, in: ders., Vergangene Zukunft, Frankfurt/M. 1979, S. 211-259.
128 So E. Peterson, Was ist Theologie?, in: ders., Theologische Traktate. Ausgewählte Schriften, Bd. 1, hg. von B. Nichtweiß, Würzburg 1994, S. 5.
129 O. Marquard, Philosophie des Stattdessen. Studien, Stuttgart 2000, S. 138.
130 D. van Laak, Gespräche in der Sicherheit des Schweigens. Carl Schmitt in der politischen Geistesgeschichte der frühen Bundesrepublik, Berlin 1993.
131 Vgl. R. Mehring, Carl Schmitt und die Verfassungslehre unserer Tage, in: Archiv des öffentlichen Rechts (AöR) 120 (1995), S. 177-204; ders., Zu den neu gesammelten Schriften und Studien Ernst-Wolfgang Böckenfördes, in: AöR 117 (1992), S. 449-473.
132 M. Stolleis, Geschichte des öffentlichen Rechts, Bd. 3, a.a.O., S. 347.
133 Vgl. E.R. Huber, Deutsche Verfassungsgeschichte seit 1789, 8 Bde., Stuttgart 1957-1991; ders., Nationalstaat und Verfassungsstaat. Studien zur Geschichte der modernen Staatsidee, Stuttgart 1965; ders., Bewahrung und Wandlung. Studien zur deutschen Staatstheorie und Verfassungsgeschichte, Berlin 1975.
134 Vgl. E. Forsthoff, Rechtsstaat im Wandel. Verfassungsrechtliche Abhandlungen 1954-1973, 2. Aufl., München 1976; ders., Der Staat der

Industriegesellschaft. Dargestellt am Beispiel der Bundesrepublik Deutschland, München 1971.
135 Zu dieser Diskussion vgl.: H. Hofmann, Das Postulat der Allgemeinheit des Gesetzes, in: ders., Verfassungsrechtliche Perspektiven. Aufsätze aus den Jahren 1980-1994, Tübingen 1995, S. 260-296.
136 Vgl. W. Weber, Spannungen und Kräfte im westdeutschen Verfassungssystem, 3. Aufl., Berlin 1970.
137 Vgl. J. H. Kaiser, Die Repräsentation organisierter Interessen, Berlin 1956.
138 Vgl. R. Schnur, Die französischen Juristen im konfessionellen Bürgerkrieg des 16. Jahrhunderts, Berlin 1962; ders., Individualismus und Absolutismus, Berlin 1963; ders., Revolution und Weltbürgerkrieg. Studien zur Ouvertüre nach 1789, Berlin 1983; ders., Geschichte in Geschichten verstrickt, Berlin 1992.
139 Vgl. E.-W. Böckenförde, Gesetz und gesetzgebende Gewalt. Von den Anfängen der deutschen Staatsrechtslehre bis zur Höhe des staatsrechtlichen Positivismus, Berlin 1958; ders., Die deutsche verfassungsgeschichtliche Forschung im 19. Jahrhundert. Zeitgebundene Fragestellungen und Leitbilder, Berlin 1961.
140 Vgl. ders., Der Staat als sittlicher Staat, Berlin 1978; ders., Schriften zu Staat – Gesellschaft – Kirche, 3 Bde., Freiburg 1988-1990; ders., Recht, Staat, Freiheit. Studien zur Rechtsphilosophie, Staatstheorie und Verfassungsgeschichte, Frankfurt/M. 1991; ders., Staat, Verfassung, Demokratie. Studien zur Verfassungstheorie und zum Verfassungsrecht, Frankfurt/M. 1992; ders., Staat, Nation, Europa. Studien zur Staatslehre, Verfassungstheorie und Rechtsphilosophie, Frankfurt/M. 1999.
141 Vgl. aber auch: ders., Der verdrängte Ausnahmezustand, in: Neue Juristische Wochenschrift 31 (1978), S. 1881-1890; ders., Die Krise in der Rechtsordnung: der Ausnahmezustand, in: K. Michalski (Hg.), Über die Krise, Stuttgart 1986, S. 183-191.
142 Vgl. dazu: R. Mehring, Das Politikum der Kritik. Geschichtstheorie nach Carl Schmitt, in: Die Neue Rundschau 111 (2000), S. 155-167.
143 Vgl. z. B.: K. D. Bracher, Die nationalsozialistische Machtergreifung, 2. Aufl., Köln 1962, S. 18, 271; ders., Das deutsche Dilemma, München 1971, S. 34 ff., 97; ders., Zeitgeschichtliche Kontroversen, 2. Aufl., München 1976, S. 28, 46.

144 K. Sontheimer, in: Neue Politische Literatur 3 (1958), S. 757-770.
145 Vgl. dazu: V. Neumann, Verfassungstheorie politischer Antipoden: Otto Kirchheimer und Carl Schmitt, in: Kritische Justiz 14 (1981), S. 31-50; ders., Kompromiß oder Entscheidung? Zur Rezeption der Theorie Carl Schmitts in den Weimarer Arbeiten von Franz L. Neumann, in: J. Perels (Hg.), Recht, Demokratie und Kapitalismus, Frankfurt/M. 1984, S. 65-78.
146 Vgl. E. Kennedy, Carl Schmitt und die »Frankfurter Schule«. Deutsche Liberalismuskritik im 20. Jahrhundert, in: Geschichte und Gesellschaft 12 (1986), S. 380-419.
147 Vgl. J. Habermas, Die Schrecken der Autonomie. Carl Schmitt auf Englisch, in: ders., Eine Art Schadensabwicklung, Frankfurt/M. 1987, S. 101-114.
148 Ebenda, S. 112.
149 Vgl. ders., Carl Schmitt in der politischen Geistesgeschichte der frühen Bundesrepublik, in: ders., Die Normalität einer Berliner Republik, Frankfurt/M. 1995, S. 112-122.
150 Ders., Inklusion – Einbeziehen oder Ausschließen?, in: ders., Die Einbeziehung des Anderen. Studien zur politischen Theorie, Frankfurt/M. 1996, S. 160 ff.
151 Ders., Kants Idee des ewigen Friedens – aus dem historischen Abstand von 200 Jahren, in: ders., Die Einbeziehung des Anderen, a.a.O., S. 233.
152 Ebenda, S. 236; Habermas zitiert K. Günther.
153 Darauf wies K. Löwith schon 1935 hin. Schmitt antwortete (PB, 314) mit einem Wiederabdruck von Teilen der Erstfassung in den *Positionen und Begriffen*. (PB, 67-74) Die Fassung von 1927 (Archiv für Sozialwissenschaft und Sozialpolitik 58 (1927)) enthält bereits die acht Kapitel der Fassung von 1932, die Schmitt erst 1963 mit Überschriften eines Inhaltsverzeichnisses versieht. Es fehlt 1927 noch die einleitende verfassungsgeschichtliche Skizze, die Schmitt erst 1930 mit der Preuß-Broschüre entwickelt, sowie die existenzialisierende Semantik.
154 Vgl. C. Schmitt, Der Begriff des Politischen. Vorwort von 1971 zur italienischen Ausgabe, in: H. Quaritsch (Hg.), Complexio Oppositorum. Über Carl Schmitt, Berlin 1988, S. 269-274; ders., Die legale Weltrevolution. Politischer Mehrwert als Prämie auf juristische Legalität und Superlegalität, in: Der Staat 17 (1978), S. 321-339.

155 Zur damaligen wissenschaftsgeschichtlichen Lage vgl.: C. Schmitt, Der Gegensatz von Gemeinschaft und Gesellschaft als Beispiel einer zweigliedrigen Unterscheidung. Betrachtungen zur Struktur und zum Schicksal solcher Antithesen, in: Estudios Juridico-Sociales. Festschrift für L. Legaz y Lacambra, Saragossa 1960, S. 165-176.

156 Vgl. Heiner Bielefeldt, Kampf und Entscheidung. Politischer Existentialismus bei Carl Schmitt, Helmuth Plessner und Karl Jaspers, Würzburg 1994. Bielefeldt vertritt eine ähnliche Einschätzung, wenn er in systematischer Absicht von Plessners philosophischer Anthropologie ausgeht, Schmitt lediglich für die Einsicht in die »Totalität« des Politischen rezipiert und die institutionellen Konsequenzen mit Jaspers zieht. Bielefeldt scheint damit ebenfalls zu sagen, dass Schmitts politischer Theorie der philosophische Ansatz mangelt und Schmitt deshalb fatale politische Konsequenzen zog.

Literaturhinweise

1. Siglen der wichtigsten Werke Carl Schmitts

AN	Antworten in Nürnberg, hg. und komment. von H. Quaritsch, Berlin 2000.
BP	Der Begriff des Politischen. Text von 1932 mit einem Vorwort und drei Corollarien, Berlin 1963.
BS	Briefwechsel mit einem seiner Schüler, hg. von A. Mohler, in Zusammenarbeit mit I. Huhn und P. Tommissen, Berlin 1995.
D	Die Diktatur. Von den Anfängen des modernen Souveränitätsgedankens bis zum proletarischen Klassenkampf (1921), 4. Aufl., Berlin 1978.
DARD	Über die drei Arten des rechtswissenschaftlichen Denkens (1934), 2. Aufl., Berlin 1993.
DC	Donoso Cortés in gesamteuropäischer Interpretation, Köln 1950.
ECS	Ex Captivitate Salus. Erinnerungen der Zeit 1945/47, Köln 1950.
EJCS	Ernst Jünger/Carl Schmitt. Briefwechsel 1930-1983, hg. von H. Kiesel, Stuttgart 1999.
Gl	Glossarium. Aufzeichnungen der Jahre 1947-1951, hg. von E. v. Medem, Berlin 1991.
GLP	Die geistesgeschichtliche Lage des heutigen Parlamentarismus (1923), 2. Aufl., München/Leipzig 1926.
GM	Gespräch über die Macht und den Zugang zum Machthaber, Pfullingen 1954.
GU	Gesetz und Urteil. Eine Untersuchung zum Problem der Rechtspraxis (1912), 2. Aufl., München 1969.
HdV	Der Hüter der Verfassung, Tübingen 1931.
HH	Hamlet oder Hekuba. Der Einbruch der Zeit in das Spiel, Düsseldorf 1956.

HP	Hugo Preuß. Sein Staatsbegriff und seine Stellung in der deutschen Staatslehre, Tübingen 1930.
KVB	Die Kernfrage des Völkerbundes, Berlin 1926.
L	Der Leviathan in der Staatslehre des Thomas Hobbes. Sinn und Fehlschlag eines Symbols (1938), Köln 1982.
LM	Land und Meer. Eine weltgeschichtliche Betrachtung (1942), Köln 1981.
N	Theodor Däublers »Nordlicht«. Drei Studien über die Elemente, den Geist und die Aktualität des Werkes (1916), Berlin 1991.
NE	Der Nomos der Erde im Jus Publicum Europaeum, Köln 1950.
NSVR	Nationalsozialismus und Völkerrecht, Berlin 1934.
PB	Positionen und Begriffe im Kampf mit Weimar – Genf – Versailles, Hamburg 1940.
PR	Politische Romantik (1919), 2. Aufl., München 1925.
PT	Politische Theologie. Vier Kapitel zur Lehre von der Souveränität (1922), 3. Aufl., Berlin 1979.
PT II	Politische Theologie II. Die Legende von der Erledigung jeder Politischen Theologie, Berlin 1970.
RK	Römischer Katholizismus und politische Form (1923/25), Stuttgart 1984.
ROIP	Die Rheinlande als Objekt internationaler Politik, Köln 1925.
SBV	Staat, Bewegung, Volk. Die Dreigliederung der politischen Einheit, Hamburg 1933.
SGN	Staat, Großraum, Nomos. Arbeiten aus den Jahren 1916-1969, hg. von G. Maschke, Berlin 1995.
SZZR	Staatsgefüge und Zusammenbruch des zweiten Reiches. Der Sieg des Bürgers über den Soldaten, Hamburg 1934.
TP	Theorie des Partisanen. Zwischenbemerkung zum Begriff des Politischen, Berlin 1963.
TW	Die Tyrannei der Werte, in: Säkularisation und Utopie. Ebracher Studien. Ernst Forsthoff zum 65. Geburtstag, Stuttgart 1967, S. 37-62.
VA	Das internationalrechtliche Verbrechen des Angriffskrieges und der Grundsatz »Nullum crimen, nulla poena sine lege«, hg. von H. Quaritsch, Berlin 1994.
VL	Verfassungslehre, München 1928.

VRA	Verfassungsrechtliche Aufsätze aus den Jahren 1924-1954. Materialien zu einer Verfassungslehre, Berlin 1958.
WdK	Die Wendung zum diskriminierenden Kriegsbegriff (1938), 2. Aufl., Berlin 1988.
WdS	Der Wert des Staates und die Bedeutung des Einzelnen, Hellerau 1917.

2. Sekundärliteratur

a) Einige Bücher von übergreifender Bedeutung

F. Balke, Der Staat nach seinem Ende. Die Versuchung Carl Schmitts, München 1996.

J.W. Bendersky, Carl Schmitt. Theorist for the Reich, New York 1983.

H. Bielefeldt, Kampf und Entscheidung. Politischer Existentialismus bei Carl Schmitt, Helmuth Plessner und Karl Jaspers, Würzburg 1994.

N. Bolz, Auszug aus der entzauberten Welt. Philosophischer Extremismus zwischen den Weltkriegen, München 1989.

H. Hofmann, Legitimität gegen Legalität. Der Weg der politischen Philosophie Carl Schmitts (1964), 2. Aufl., ergänzt durch eine Vorbemerkung, Berlin 1992.

A. Koenen, Der Fall Carl Schmitt. Sein Aufstieg zum »Kronjuristen des Dritten Reiches«, Darmstadt 1995.

H. Meier, Die Lehre Carl Schmitts. Vier Kapitel zur Unterscheidung politischer Theologie und Philosophie, Stuttgart 1994.

P. Noack, Carl Schmitt. Eine Biographie, Berlin 1993.

H. Quaritsch (Hg.), Complexio Oppositorum. Über Carl Schmitt, Berlin 1988.

Ders., Positionen und Begriffe Carl Schmitts (1989), 3. Aufl., Berlin 1995.

B. Rüthers, Entartetes Recht. Rechtslehren und Kronjuristen im Dritten Reich, München 1988.

M. Stolleis, Geschichte des öffentlichen Rechts in Deutschland, Bd. 3: Staats- und Verwaltungsrechtswissenschaft in Republik und Diktatur (1914-1945), München 1999.

b) Ausgewählte Aufsätze

H. Ball, Carl Schmitts Politische Theologie, in: Hochland 21 (1924), S. 263-285.

E.-W. Böckenförde, Der Begriff des Politischen als Schlüssel zum staatsrechtlichen Werk Carl Schmitts, in: ders., Recht, Staat, Freiheit, Frankfurt/M. 1991, S. 344-366.

E. R. Huber, Verfassung und Verfassungswirklichkeit bei Carl Schmitt (1931/32), in: ders., Bewahrung und Wandlung. Studien zur deutschen Staatstheorie und Verfassungsgeschichte, Berlin 1975, S. 18-36.

Ders., Positionen und Begriffe. Eine Auseinandersetzung mit Carl Schmitt, in: Zeitschrift für die ges. Staatswissenschaft 101 (1941), S. 1-44.

K. Löwith, Der okkasionelle Dezisionismus von Carl Schmitt (1935), in: ders., Sämtliche Schriften, Bd. VIII, Stuttgart 1984, S. 32-71.

H. Ottmann, Carl Schmitt, in: Politische Philosophie des 20. Jahrhunderts, hg. von K. Graf Ballestrem/H. Ottmann, München 1990, S. 61-87.

L. Strauss, Anmerkungen zu Carl Schmitts »Begriff des Politischen«, in: Archiv für Sozialwissenschaft und Sozialpolitik 67 (1932), S. 732-749.

Zeittafel

1888	Carl Schmitt wird am 11. Juli in Plettenberg/Sauerland geboren.
1907	Studium der Rechtswissenschaft in Berlin, München und Straßburg.
1910	Promotion in Straßburg *Über Schuld und Schuldarten*.
1912	*Gesetz und Urteil*.
1915	Zweites juristisches Staatsexamen. Wehrdienst beim Stellvertretenden Generalkommando in der Heeresverwaltung München (bis 1919).
1916	Habilitation in Straßburg *(Der Wert des Staates)*. Schrift über *Theodor Däublers »Nordlicht«*.
1919	Dozent an der Handels-Hochschule München. Teilnahme am Dozentenseminar Max Webers. Abrechnung mit der politischen Romantik.
1921	Ordentliche Professur in Greifswald.
1922	Ordentliche Professur in Bonn. *Römischer Katholizismus und politische Form*; *Politische Theologie*. In den nächsten Jahren promovieren bei Schmitt dort u.a. E. Forsthoff, E. Friesenhahn, W. Gurian, E.R. Huber, O. Kirchheimer, W. Weber.
1923	Beginn des Kampfes mit Weimar, Genf, Versailles. Kampf mit Weimar: *Die geistesgeschichtliche Lage des heutigen Parlamentarismus*.
1925	Kampf mit Versailles: *Die Rheinlande als Objekt internationaler Politik*.
1926	Kampf mit Genf: *Die Kernfrage des Völkerbundes*.
1928	*Verfassungslehre*. Wechsel an die Handels-Hochschule Berlin. Politische Kontakte.
1930	Rechtfertigung des Weimarer Präsidialsystems.
1931	*Der Hüter der Verfassung*.
1932	*Legalität und Legitimität*. Kontakte zu Schleicher. Anwalt des Reiches im Prozess Preußen contra Reich.

1933	Mitarbeit am Entwurf des Reichsstatthaltergesetzes zur Gleichschaltung der Länder. Eintritt in die NSDAP am 1. Mai. Rechtfertigende Sinndeutung des Nationalsozialismus: *Staat, Bewegung, Volk*. Zunächst Wechsel an die Universität Köln, dann an die Universität Berlin. Weitere Rufe nach Leipzig, Heidelberg, München. Ämter u.a.: Preußischer Staatsrat (Juli 1933), Mitglied der Akademie für Deutsches Recht, Mitglied im Bund Nationalsozialistischer Deutscher Juristen (BNSDJ), Reichsfachgruppenleiter Fachgruppe Hochschullehrer (bis 1936), Mitglied der für Berufungsfragen zuständigen Hochschulkommission der Stellvertretung des Führers (bis 1936), Herausgeber der Schriftenreihe *Der deutsche Staat der Gegenwart*, Herausgeber der *Deutschen Juristen-Zeitung* (bis 1936).
1934	*Über die drei Arten des rechtswissenschaftlichen Denkens. Staatsgefüge und Zusammenbruch des zweiten Reiches. Nationalsozialismus und Völkerrecht.*
1936	Audienz bei Mussolini. Organisation der Tagung »Das Judentum in der Rechtswissenschaft«.
1936-37	Verlust der Partei- und Ehrenämter nach Angriffen im SS-Organ *Schwarzes Korps*.
1938	*Der Leviathan in der Staatslehre des Thomas Hobbes.*
1939	*Völkerrechtliche Großraumordnung.*
1942	*Land und Meer*. Abschied vom Reichsbegriff.
1945	*Das internationalrechtliche Verbrechen des Angriffskrieges*. Lagerhaft von September 1945 bis Oktober 1946; Verlust des Lehrstuhls (Dezember 1945).
1947	Schmitt wird im Zusammenhang mit dem Nürnberger Prozess verhört. Aufzeichnung der Erfahrungen der Nachkriegszeit in *Ex Captivitate Salus* und im *Glossarium*.
1950	*Der Nomos der Erde*. Weitere Publikationen lösen Auseinandersetzungen um dieses »Comeback« aus. Zurückgezogenes Dasein in Plettenberg. Vortragstätigkeit und umfangreiche internationale Korrespondenz bis ins hohe Alter.
1958	*Verfassungsrechtliche Aufsätze* mit kritischen Glossen.
1963	*Theorie des Partisanen.*
1970	*Politische Theologie II.*
1985	Tod am 7. April in Plettenberg.

Reinhard Mehring, geb. 1959, Studium der Philosophie, Germanistik und Politikwissenschaft in Bonn und Freiburg. 1989 bis 1990 Lehrauftrag Politikwissenschaft; 1991-1993 wiss. Mitarbeiter am Lehrstuhl für Rechtsphilosophie, Staats- und Verwaltungsrecht der Universität Würzburg; 1993-2000 wiss. Assistent und Mitarbeiter am Lehrstuhl für Rechts- und Sozialphilosophie der Humboldt-Universität zu Berlin. Habilitation, seitdem Privatdozent am Institut für Philosophie der Humboldt-Universität zu Berlin.

Familie und Freundeskreis eines umstrittenen Klassikers

Carl Schmitt: Jugendbriefe
Briefschaften an seine Schwester Auguste 1905 bis 1913

Herausgegeben von Ernst Hüsmert

2000. 213 S., 19 Abb. - 135 x 210 mm
Gb, DM 64,-
ISBN 3-05-003483-1

Das Buch enthält eine kommentierte Sammlung von 87 Briefen und Postkarten des 17- bis 25-jährigen Carl Schmitt an seine Schwester Auguste. Es handelt sich um Schriftstücke vorwiegend familiären Inhalts, in denen der Schüler, Student und erfolgreich veröffentlichende junge Wissenschaftler das Fachspezifische eher ausklammert.

Es ist das prägende Milieu des rheinischen Katholizismus in seiner Unbefangenheit gegenüber Andersgläubigen, in der Carl Schmitt lebt und arbeitet. Aus dieser toleranten Quelle speist sich die Bereitschaft, in der liberalen Industriegesellschaft des Kaiserreiches vor dem Ersten Weltkrieg das Schicksal als Angehöriger der unteren Mittelklasse zu ertragen und der unbedingte Wille, in diesem System zu avancieren.

Diese Briefe und Karten leisten weit mehr als die Widerlegung dubioser Legenden über Carl Schmitt. Sie lassen teilhaben an Entwicklung und Aufstieg eines jungen Talents und gewähren Einblicke in Familie und einen Freundeskreis von Gleichgesinnten und Dichtern, unter denen besonders Theodor Däubler zu nennen ist.

Bestellungen richten Sie
bitte an Ihre Buchhandlung

Akademie Verlag
www.akademie-verlag.de

In der Reihe »Zur Einführung« im Junius Verlag bisher erschienen:

Theodor W. Adorno
von Gerhard Schweppenhäuser

Hans Albert
von Eric Hilgendorf

Karl-Otto Apel
von Walter Reese-Schäfer

Ingeborg Bachmann
von Stefanie Golisch

Roland Barthes
von Gabriele Röttger-Denker

Georges Bataille
von Peter Wiechens

Jean Baudrillard
von Falko Blask

Samuel Beckett
von Friedhelm Rathjen

Henri Bergson
von Gilles Deleuze

Hans Blumenberg
von Franz Josef Wetz

Jorge Luis Borges
von Adelheid Hanke-Schaefer

Pierre Bourdieu
von Markus Schwingel

Giordano Bruno
von Anne Eusterschulte

Martin Buber
von Siegbert Wolf

Edmund Burke
von Robert Zimmer

Albert Camus
von Asa A. Schillinger-Kind

Elias Canetti
von Dagmar Barnouw

E.M. Cioran
von Richard Reschika

Auguste Comte
von Gerhard Wagner

Jacques Derrida
von Heinz Kimmerle

René Descartes
von Peter Prechtl

Wilhelm Dilthey
von Matthias Jung

Meister Eckhart
von Norbert Winkler

Mircea Eliade
von Richard Reschika

In der Reihe »Zur Einführung« im Junius Verlag bisher erschienen:

Norbert Elias
von Ralf Baumgart
und Volker Eichener

Epikur
von Carl-Friedrich Geyer

Paul K. Feyerabend
von Eberhard Döring

Johann Gottlieb Fichte
von Helmut Seidel

Michel Foucault
von Hinrich Fink-Eitel

Anna Freud
von Rolf Denker

Sigmund Freud
von Hans-Martin Lohmann

Hans-Georg Gadamer
von Udo Tietz

Gandhi
von Andreas Becke

Arnold Gehlen
von Christian Thies

Johann Wolfgang von Goethe
von Peter Matussek

Günter Grass
von Dieter Stolz

Jürgen Habermas
von Detlef Horster

Nicolai Hartmann
von Martin Morgenstern

Georg Wilhelm Friedrich Hegel
von Herbert Schnädelbach

Martin Heidegger
von Günter Figal

Heinrich Heine
von Ralf Schnell

Johann Friedrich Herbart
von Matthias Heesch

Johann Gottfried Herder
von Jens Heise

Thomas Hobbes
von Wolfgang Kersting

E.T.A. Hoffmann
von Detlef Kremer

Max Horkheimer
von Rolf Wiggershaus

Edmund Husserl
von Peter Prechtl

William James
von Rainer Diaz-Bone
und Klaus Schubert

In der Reihe »Zur Einführung« im Junius Verlag bisher erschienen:

Karl Jaspers
von Werner Schüßler

Jesus
von Peter Antes

C.G. Jung
von Micha Brumlik

Immanuel Kant
von Jean Grondin

Sören Kierkegaard
von Konrad Paul Liessmann

Alexander Kluge
von Rainer Stollmann

Lawrence Kohlberg
von Detlef Garz

Heinz Kohut
von Ralph J. Butzer

Konfuzius
von Xuewu Gu

Siegfried Kracauer
von Gertrud Koch

Jacques Lacan
von Gerda Pagel

Gotthold Ephraim Lessing
von Werner Jung

Emmanuel Lévinas
von Bernhard H.F. Taureck

Claude Lévi-Strauss
von Edmund Leach

John Locke
von Walter Euchner

Niklas Luhmann
von Walter Reese-Schäfer

Georg Lukács
von Rüdiger Dannemann

Martin Luther
von Dietrich Korsch

Jean-François Lyotard
von Walter Reese-Schäfer

Niccolò Machiavelli
von Quentin Skinner

Karl Mannheim
von Wilhelm Hofmann

Karl Marx
von Flechtheim/Lohmann

George Herbert Mead
von Harald Wenzel

Maurice Merleau-Ponty
von Christian Bermes

In der Reihe »Zur Einführung« im Junius Verlag bisher erschienen:

Conrad Ferdinand Meyer
von Andrea Jäger

Michel de Montaigne
von Peter Burke

Montesquieu
von Michael Hereth

Thomas Morus
von Dietmar Herz

Robert Musil
von Thomas Pekar

Friedrich Nietzsche
von Wiebrecht Ries

Nikolaus von Kues
von Norbert Winkler

Novalis
von Berbeli Wanning

Blaise Pascal
von Eduard Zwierlein

Jean Piaget
von Ingrid Scharlau

Platon
von Barbara Zehnpfennig

Helmuth Plessner
von Kai Haucke

Plotin
von Susanne Möbuß

Ezra Pound
von Alexander Schmitz

John Rawls
von Wolfgang Kersting

Paul Ricœur
von Jens Mattern

Richard Rorty
von Detlef Horster

Jean-Jacques Rousseau
von Günther Mensching

Jean-Paul Sartre
von Martin Suhr

Max Scheler
von Angelika Sander

Friedrich W.J. Schelling
von Franz Josef Wetz

Friedrich Schlegel
von Berbeli Wanning

Carl Schmitt
von Reinhard Mehring

William Shakespeare
von Bernhard H.F. Taureck

In der Reihe »Zur Einführung« im Junius Verlag bisher erschienen:

Georg Simmel
von Werner Jung

Baruch de Spinoza
von Helmut Seidel

Rudolf Steiner
von Gerhard Wehr

Botho Strauß
von Stefan Willer

Leo Strauss
von Clemens Kauffmann

Charles Taylor
von Ingeborg Breuer

Thomas von Aquin
von Rolf Schönberger

Christian Thomasius
von Peter Schröder

Paul Tillich
von Gerhard Wehr

Alexis de Tocqueville
von Michael Hereth

Paul Valéry
von Ralph-Rainer Wuthenow

Eric Voegelin
von Michael Henkel

Michael Walzer
von Skadi Krause
und Karsten Malowitz

Max Weber
von Volker Heins

Alfred North Whitehead
von Michael Hauskeller

Ludwig Wittgenstein
von Chris Bezzel

Angewandte Ethik
von Urs Thurnherr

Antike politische Philosophie
von Walter Reese-Schäfer

Argumentationstheorie
von Josef Kopperschmidt

Buddhismus
von Jens Schlieter

Die europäischen Moralisten
von Robert Zimmer

Europäische Mystik
von Gerhard Wehr

Feministische Theorien
von Regina Becker-Schmidt und
Gudrun-Axeli Knapp

In der Reihe »Zur Einführung« im Junius Verlag bisher erschienen:

Griechische Tragiker
von Wiebrecht Ries

Hinduismus
von Andreas Becke

Hermeneutik
von Matthias Jung

Semiotik
von Gerhard Schönrich

Die Sophisten
von Bernhard H.F. Taureck

Taoismus
von Florian C. Reiter

Die Vorsokratiker
von Carl-Friedrich Geyer